この先20年使えて「莫大な資産」を生み出す

ビジネス脳のつくりかた

［新装版］

Den Fujitaの商法③

日本マクドナルド創業者

藤田 田（デンと発音して下さい）

KKベストセラーズ

勝てば
官軍

負ければ倒産

凡眼には見えず
心眼を開け
好機、は常に
眼前にあり

カバー・口絵　五月女ケイ子

この先20年使えて「莫大な資産」を生み出す
ビジネス脳のつくりかた

[新装版] Den Fujitaの商法③

日本マクドナルド創業者
藤田 田（デンと発音して下さい）

KKベストセラーズ

装幀　トサカデザイン

この先20年使えて「莫大な資産」を生み出す

ビジネス脳のつくりかた

［新装版］Den Fujitaの商法③

目次

第1章 時間を金に変える法

第2章 数字を使えない奴は金儲けできない

第3章 「カラスは白い」という発想が奇跡を生む

第6章 金の重さを実感できない奴は貧乏する 95

第11章 金儲けの天才から「秘密」を盗め —— 167

第12章

報酬をケチる会社は社員に噛み殺される

「藤田 田６冊同時復刊プロジェクト」は、著者の主要評論を収録するものです。本作品中に、現在の観点から見れば、差別とされる言葉・用語など考慮すべき表現も含まれておりますが、著者の作品が経営・ビジネス書の古典として多くの読者から評価されていること、執筆当時の時代を反映した著者の独自の世界であること、また著者は、２００４（平成16）年に他界し、作品を改訂することができないことの観点から、おおむね底本のままとしました。

（ベストセラーズ書籍編集部）

＊本書は一九八五（昭和六〇）年弊社初版刊行、『金持ちラッパの吹き方』を底本とし、語句・表記・時制の大幅な加筆修正を行い、新たに装幀を変え、挿画を入れ、新装再編版としたものです。

第1章

時間を金に変える法

「ノウハウ」とは「時間の使い方」だ

私が社長をしている日本マクドナルドは、ハンバーガーを売っているが、情報集約産業とかノウハウ集約産業と呼ばれている。「ノウハウ」は技術秘密、秘密を要する情報、秘訣、秘伝、というふうに訳されている。しかし、私は「ノウハウ」とは「時間の使い方」だと解釈している。時間をいかに有効に使うかが「ノウハウ」なのである。

1日は24時間しかない。そのうちで、働く時間は8時間しかない。1日の時間も、1日に働く時間もかぎられている。どうあがいてみても1日に25時間は働けない。徹夜をしても24時間が限度である。

となると、その限られた時間をいかに有効に使うかで大きな差がでてくるのである。**わずか8時間しかない働く時間を、ムダにはできない。その8時間をいかに有効に使うかが「ノウハウ」なのである。**

人間が地上に生まれて、2万年になる。その間、人間は生活のリズムをもって生きてきた。たとえば、1日24時間を、朝起きて、朝食をとり、昼には昼食をとり、夜は夕食をとって就寝する、というリズムをもって生活してきた。そして、その生活のリズムは不変である、と思いこんでいる。ところが、そう思いこんでいるのは、実はまちがっているのである。

最近は、昼になって起きてきて、昼食が朝食で、夕食が昼食、夜中に夕食をとる、というリズムで生活をしている人がたくさんいる。

つまり、ひところの朝起きて朝食をとってという生活のリズムが、2万年の間に変化してきているのである。この生活のリズムのズレを利用すると、他人の時間をうまく使うことができるのだ。

私は、朝から働いている。しかし、世の中には昼から働いている人もいれば、夜から働きはじめる人もいる。そういった人たちをうまく活用すると、自分が8時間働いたあとで、昼から働く人や、夜から働く人にバトンタッチをして、1日24時間をフルに活用することができるのである。

つまり、自分だけがいかにがんばってみても1日24時間働くことを1年間つづけることは不可能だが、他人の時間をうまく使えば、それも可能なのである。時間というものは、それほど大切なものである。

その時間をもっとも有効に使っているのは銀行である。銀行は日曜日も金利をかせぐ。土曜日も銀行は休むことになっているが、その日も金利は平然ととる。企業が休んでいるときにまで金利をとるのはさすがが、そのガメツさは見上げたものだ。

土曜、日曜は金利はいただきません。そういう銀行がでてきてもよさそうだと思う。ところが、だれも不思議に思わないで、日曜日も金利を払っている。

みなさんの頭も、**なぜ、日曜日まで金利をとるのか、と銀行を非難するほど、時間についてきびしい考えをもつべきである。**

友だちのいない人間は、まず、いないといってもいい。友だちというと、日本の場合は、学校時代の友だちをさすことが多い。しかし、それでは友だちの範囲がせまくなってしまう。

人生を生きていく上では、いろいろな世界の友だちをつくっていく必要がある。学校の友だちではなく、いろんな分野のプロフェッショナルを友だちにしていくべきである。

これだけ世の中、人がふえてくると、従来のように、漫然と友だちであるというのでは、相談をもちかけたとき、適切なアドバイスが望めない。利用する、というと言葉は悪いが、なにかあったときに支えてくれる友だちのほうが、ありがたい友だちであることは論をまたない。

プロフェッショナルな友だちがたくさんいれば、銀行の問題が起こったときは銀行の友だちに意見をきく。法律でわからないことが起こったら弁護士の友だちに相談する、女の問題が起こったらそっちに強い友だちに解決策をたずねる、というふうに、ケース・バイ・ケースで適切な指示をあおぐことができる。

そういうふうに360度の友だちをもつべきである。

私にいわせると、みなさんは、10度ぐらいの友だちか、15度ぐらいの友だちか、せいぜい45度ぐらいの友だちしかもっていないように思われる。

植木屋の友だちも、魚屋の友だちも、寿司屋の友だちも積極的にふやしていくべきである。

そうやって、360度の友だちをもち、金銭を度外視して情報を集められる触覚みたいなものをもつこと、それが、時間を有効に使うコツである。

プロフェッショナルな人たちは、それぞれの分野で時間の有効な使い方を心得ている。つまり、10年、20年かけて蓄積してきたノウハウをもっている。

360度の友だちをもつということは、そういったノウハウをただで使わせてもらうことでもある。

4次元の発想をもってくれれば勝つ

科学の進歩にはめざましいものがある。コンピューターも発達し、演算の速度がはやくなってきた。速度は無限だと思いがちだが、コンピューターの専門家にいわせると有限なのだそうである。

つまり、光のはやさまでは、はやく計算できるが、そこでいきづまってしまう、というのだ。光のはやさより先にはいけない、という。というのも、**光のはやさよりはやい物は、存在しないからである。**

そうやってみると、コンピューター産業も先が見えている、ということができる。光のはやさまでは、各社が開発にしのぎをけずっても、それから先はないから、競争もそれまでである。

そのつぎはなにか、というと、時間である。

現在、われわれは、3次元の世界に生きている。縦、横、高さの世界で生きている。**ところが、4次元の世界がある、といわれている。**

4次元の世界とはなにか、というと、3次元の世界に時間を加えたものである。縦、横、高さ、プラス、時間。それが、4次元の世界なのだ。

私がいま、目の前にある壁をすりぬけてみせる、といっても、だれも信用しないだろう。ところが、4次元の世界では、簡単に、壁をすりぬけることができる。というのは、4次元の世界では、時間を前後することができるからだ。

現在は目の前にある壁も、10年前にビルが建つまでは、ここに存在しなかった。とすると、10年前に瞬間的にもどることができたら、簡単に壁の向こうにいくことができるのである。

また、100年先にいけば、ビルも壁も存在しないかもしれない、そうすれば、瞬間的にそこへいけば、壁をすりぬけて向こうへいくことが可能なのだ。

このように3次元では不可能なことでも、4次元の世界にいけば可能なのである。

3次元の世界に4次元の発想をもってくると、これまでとはちがった、新しい考えがでてくると思う。時間をうまく使うというのは、4次元の発想である。4次元の発想をもってくると、現在不可能だと思っていることも可能になってくる。

時間によって物は刻々と変化している。人間の体だって、刻々と変化している。

ところが医者を例にとると、人間の体を断面に切って症状を判断している。人間の体は、生まれてからは、つねに墓場に向かって動いている。その動いている中でつかまえる発想が必要なのだが、医者はそれをしていない。

医者にかぎらず、われわれの物の考え方は、非常に断面的だといえる。縦、横、高さの発想である。

これではいけない、と思う。

マクドナルドのハンバーガーは、つくって10分たったら捨てることにしている。味も温度も質もかわるからだ。

他の食品で、こんな捨て方をする物があるだろうか。昨日つくった物、1週間も前につくった物を平気で売っている。私にいわせれば、だから売れないのだ。

物は時間とともに刻々と変化している。そこをとらえなければならない。時間というものは、それほど大切な物なのである。

マクドナルドでは、つねに「つくった物をいかにはやく売るか」を追求している。「客に32秒以上、待たせない」というやり方もそのひとつだが、**画期的なものとして〝ドライブ・スルー〟方式を昭和52(1977)年10月から採用して成功している。**

客は車に乗ったままで、テレビに向かって注文し、出口で品物を受け取って走り去る。これだと従来のドライブ・イン方式とちがって、客は車からおりる必要はいっさいない。車に乗ったまま買い物ができる。

この方式を採用した江の島店は、元旦売り上げ世界一を、3年連続で獲得し、月商1億300万円の最多記録をつくった。

ドライブ・スルー方式をとっているチェーン店の売り上げを調べてみると、実に売り上げの45～50パーセントを、車でやってくる客が占めている。いかに時代の要請が、時間の短縮化に向けられているかがわかる。

一方、アメリカでごく最近、流行りはじめたものに〝倉庫スーパー〟がある。文字どおり倉庫があるだけで、客は、会社や家庭でカタログをもとに電話注文し、パックされた包みを車で取りにくるだけ。共かせぎ夫婦に大いに受けているという。

これだと広い売場も駐車場もショーケースも売り子もいらない。電話注文係と商品を渡す係しかいらないから、人件費も設備費もけずれ、他のスーパーより価格も安くなる。こうなると、いまあるスーパーは不要となり、一大革命をもたらす。

ドライブ・スルー方式のスーパーともいえるこの**〝倉庫スーパー〟こそ、時間儲けの欲求にみごとに応えたアイデアである。**

同じものならリズムをはやめるものが勝つのは必然だ。

時間不足時代に突入している現在、あそこにいけば、時間を節約できるというものを開発すれば、客は殺到するのだ。

３次元の発想でいきづまったら４次元の発想で突破せよ。それが成功の秘訣である。

こうすれば1億円が貯められる

私はこれまでに、銀行の偉い人から大学をでて２、３年の外交員まで、何百人もの人に、毎月10万円ずつ貯金をしたら30年でいくらになるか、とたずねてきた。しかし、だれひとり、正確には答えられなかった。

ある一流銀行の頭取さんは、

「それは藤田さん、１年に１２０万円だから30年で元本は３６００万円になるから、倍の７２００万円ぐらいでしょう」

とおっしゃった。ペケである。

正解をいえ、といっても、質問自体にも問題がある。利息は変動するもので、30年間同一利息ということはありえない。利息もうごくし税金も動く。現在、源泉分離課税は20パーセントだが、10パーセントのときもあれば、25パーセントだったこともある。そういったことを厳密に計算していかないと答えはだせない。

そこで、いろいろな答えが返ってくる。

5000万円だ、という人もいれば、6000万円、という人もいた。7000万円という人もいたし、8000万円だろう、という人もいた。

プロフェッショナルな銀行員にして、このありさまである。5年後、10年後の答えは即答できても、30年後はだれひとり答えられなかった。30年という長いサイクルで、ものを見たり、考えたりはしていないのである。

正解は1億2400万円である。なぜ、私に正解がだせるのか。

私自身が昭和26（1951）年から昭和56（1981）年まで、毎月5万円からはじめて、10万円平均、欠かさず貯金してきたからだ。

30年間、一度も、その貯金を引きださなかった。その貯金通帳の30年後の残高が、1億2400万円になっていたのだ。

住友銀行（現・三井住友銀行）新橋支店で、私は30年間、毎月10万円ずつ預金をつづけてきた。銀行にたずねてみたのだが、そんな形で辛抱強く預金をつづけてきた者は、私以外にはひとりもいないということだった。

若いサラリーマン諸君に「君、1億円ほしくないか」とたずねたら、10人が10人、「ほしい」と答える。

「簡単にできるよ」というと「宝クジでも買うのですか」とき返す。宝クジでは絶対に1億円を握ることはできない。

「最初の10年間は毎月5万円ずつ貯め、次の10年間は毎月10万円ずつ貯め、最後の10年間は毎月15万円ずつ貯めなさい」

私は1億円の金がほしい、という若い人に出会うと、そう教えてあげることにしている。私がやってきたとおりをアドバイスしている。これだと、30年間、毎月平均10万円ずつ貯めるのと同じことになるからだ。

若いサラリーマンが、毎月5万円貯めるというのは苦しいことにはちがいない。しかし、苦しくても、歯をくいしばってやれば、不可能ではない。毎月10万円のコースに入ると、年齢は32、3歳、月給も少しは上がっている。最後の15万円は、それほど苦しくないはずだ。

30年後の1億2400万円のうち、元本は3600万円である。残りの8800万円は銀行が払ってくれる利息である。

私は、1億2400万円をみせびらかしたくて、こんなことをいっているのではない。**時間をかければ大きな仕事ができる、ということがいいたいだけである。**

読者の中には、1億円なんか、オレには縁がない、と思っている人が多いはずだ。ところが、実は、時間をかければ、簡単にその1億円が自分のものにできるのである。

大富豪への道は欲望との戦いだ

私が、なぜ、毎月10万円ずつ30年間、預金をつづけてきたかというと、小さな企業を経営してきたからだ。小さい企業というのは苦境に追い込まれても、国は助けてくれない。銀行だって助けてくれない。

いまでこそ、私がいえば、銀行は何百億でも貸してくれるが、預金をはじめたころは、だれも金を貸してくれなかった。となると、自力救済しかない。私は、自力救済のためにこの預金をはじめたのだ。

30年間、一銭も引きださずにつづけてきた預金通帳を見せれば、会社がパンク寸前になっても、死ぬまでかかって払うから金を貸してほしい、といえば、どんな人でも金を貸してくれる。私は本気でそう思ったから、預金をつづけてきたのだし、いまでも本気でそう思っている。

みなさんは、時間を金に変える方法というと、短時間に成功する方法を考えるのではないだろうか。

しかし、そんなうまい方法がそうザラにころがっているわけではない。

毎月10万円を30年かかって預金していくと、元金は3600万円で利息が8800万円。元金よりも利息のほうがはるかに多い。金を銀行に預けておいて利息を利用して金儲けをすることは、どんなに頭の悪い奴にでもできる金儲けである。

しかも、この方法は時間をかければかけるほど、利息が大きくなっていく。これだって、時間を利用した立派な金儲けであることにかわりはない。

短時間に大きいことをやろうとあせるよりも、時間をかけて大きいことを成すべきである。

毎月、10万円ずつ預金をつづけた30年間に、私は何度、この預金をおろして使いたいという誘惑にかられたか、わからない。

しかし、そのたびに、オレは30年間続ける、と決めたのだ、だから、いま、おろしたら負けなのだ、この貯金をおろす日はオレが終わる日だ、と自分をいましめつづけてきた。

いま、考えると、そうやって自分の欲望をおさえて、これと戦いつづけたことが、克己心の養成に非常に役立っていると思う。

自分に勝つ、己の欲望に勝つ――これほどむずかしいことはないが、それを30年間預金をつづけ、一度も引きださないことで、私は成し得たと思う。

もちろん、自分の欲望との戦いは生きているかぎりつづくはずである。しかし、いまは、その戦いに、いつでも勝つ自信がある。それを植えつけたのがこの預金だった。

これまで仕事をやってくる上で、苦しいことはずいぶんあった。いやなことも多かった。しかし、私は、自分の尻を引っぱたいて自分を前進させてきた。いったんこうと決めたら、絶対にやるんだ、と自分にムチをうってやってきた。

それはある意味では、この預金があったからできたのではないか、と思う。

この預金は、私が死んだら息子に引きつがせ、30年つづけさせようと思う。そして、息子から孫にバトンタッチをし、さらに30年やらせようと思っている。90年たったら、毎月10万円の預金の元利合計はいくらになるか、想像もつかない。

そこでなにをやるか。私はギネスブックに売りこもうと思っている。

90年間、子孫3代にわたる克己心養成の証《あかし》をギネスブックに登録するのである。そう考えると愉快になる。

純粋に金儲けという観点から見ると、30年間の預金はムダであったともいえる。

昭和26（1951）年にこの預金をはじめたころ、東京・荻窪の土地が1坪1000円だった。5万円で50坪の土地が買えた。ところが、今日では坪当たり250万円はする。30年間かかって貯えた1億2400万円で買えるのも、また50坪である。

だから、本当の金儲けという点から考えると、毎月貯金をするのではなく、毎月、その金で土地を買っていたら、すごい資産家になったはずである。30年間あなたはなにをしてきたか、といわれても、ひとこともない。

ただ、克己心を養うことができた、ということは、負けおしみではないが、金にはかえられないものである。

信用もつけることができた。これも金にはかえられないものである。30年間につちかった信用は、土地を買いつづけてつくったはずの資産にけっして劣らない大きなものである。

私は30年かけて、その大きな信用をつくったのである。

現代はスピード時代だといわれる。しかし、時間をかける、という発想もまた、若い人にはとくに大切にしてほしいと思う。

第2章

数字を使えない奴は金儲けできない

数字は銭勘定のことではない

日本人は伝統的に数字でものをいうのをいやがる傾向がある。

その理由を考えてみると、日本が気候が温暖で、せまい土地に昔からたくさんの人間が生活していたために、ハッキリものをいうと窮屈で生活しにくくなる、ということがあげられる。

なにしろ、神武天皇の時代に、すでに日本には１０００万人をこえる人間が住んでいたのではないか、といわれているほどである。

徳川時代には数千万人の人間が住んでいたと思われる。したがって、はっきりものをいうとカドが立ってしかたがない。そこでものをはっきりといわず、おたがいにもたれかかるような生き方をしてきたのである。ものごとがはっきりと示される数字はあえて口にせず、ハラとハラでいく、といったことが、共存共栄のための生活の知恵として必要だったのではないだろうか。

ところが、それも井伊直弼が開国して桜田門外で暗殺されるまでのことである。開国してからは、日本人が相手ではなく、世界を相手にしなければならなくなった。こうなっては、もはや、数字と無縁でございます、ではすまされなくなってしまった。数字を駆使しなければ世界の人と伍《ご》していけなくなったのである。

ところが、そうなってからも、依然として、数字を使わないで、ナニワブシのかたまりみたいなことをいっている人がいる。しかし、これでは人の上に立てないし、自分も生きてはいかれない。

ハラとハラでいこう、とか、義理や人情でいこうとかしないで、ここは足して二で割っていこう、というふうに、はっきりと数字でものをいうべきである。これからの時代を生きぬいていくには、われわれ日本人は数字に還元してものをいうような習慣を身につけていくことが肝心である。

日本人にわかる数字といえば、財布にいくらはいっているかとか、銭勘定といったお金のことしかないように思われるが、数字は、なにもお金にかぎらない。

私が社長をしている日本マクドナルドの本社には、各部屋の壁にその部屋の面積を表示するプレートがかかっている。

たとえば、特別会議室。この部屋の壁には、「29・27平方メートル、8・86坪。縦8・

61メートル、横3・4メートル」と表示したプレートがかかっている。これを見れば、部屋の広さが一目瞭然というしかけになっている。蛇足ながら、私の使っている社長室の面積は、15・63坪である。

天井までの高さや、床の標高が表示してある部屋もある。毎日、このプレートをながめ、数字を身近にして生活していれば、面積の感覚、距離感などがおのずと身につく。そうすれば、仕事で何平方メートルの店舗、といわれたときに、実際に足を運ばなくてもすぐにその広さが感覚としてわかる。

この部屋の面積表示のプレートで、私は日ごろから、社員に数字感覚を身につけるトレーニングをさせているのである。

日本でも、昨今は、今日は氷点下2度だから寒いとか、今日は31度だからとても暑い、というように、数字をあげて寒い、暑い、をいうようになった。こういった数字が身近になることを、もっと日常的にとりこむことが必要なのである。

そうすれば、銀行の金利がいくらで、割引債はいくらだから、どっちが有利である、ということもわかってくる。サラ金の金利のトリックにだまされて泣くということもなくなる。

第一、サラリーマンの働きは、月給という数字ですべてあらわされている。月々もらう何十何万何千何百何十何円が、そのサラリーマンの〝価値〟である。つまり、人間の一生は、すべて数字におきかえることが可能なのだ。

だから、率先して、日常生活に数字をもち込んだものが、勝ちなのである。

1センチの開きが人に差をつける

「1センチというのは、あなたの体のどの部分ですか」

そうきかれて、自信をもって、この部分です、と答えられる日本人は、まず、いないのではないだろうか。

私は、答えられる。私の体の1センチの部分というと、小指の爪の幅である。親指の爪の幅は、1・5センチ。人差し指から小指までの指のつけ根の手のひらの幅が7センチ。だから「何々は14センチです」と説明されると、ははあ、この手のひらの倍だな、と具体的に大きさがすぐわかる。

おそらく、男性諸君は自分のオチンチンの長さも正確に答えられないのではないだろうか。自分の体を物差しにして、1センチならどの部分、7センチはこの部分、とおぼえておけば、いちいち物差しをもち歩く必要はない。

日本人の話が正確さを欠くのは、自分の体を物差しにしようとしないからである。日常生活で、10センチか20センチかを論じることは意外に多い。**そういったときに、体を物差しにしておぼえておけば、正確にものをいうことができるのだ。**

15センチの空間におさまる物を買いたいとき、あるいは魚屋の店先で何センチの魚かを瞬時に見分けるとき、体の物差しは大いに役立つものなのだ。

自分の歩幅は75センチだから、何歩分で何メートル、という計算ができる人は案外いる。しかし、1センチとか、10センチとかいうと、お手あげなのが実情である。自分の体を物差しとして活用することは、日常生活に数字をもちこむ基本である。

小指の爪の幅をはかって何ミリあるか記憶しておく。そうすることが、人より一歩前進することである。1センチが自分の体でわかる人とわからない人の間には、1センチ以上の開きがあるといっていい。人より一歩前進する、というのは、こうしたほんのわずかな開きからはじまるのだ。

また人に先んずるには、人よりもそういった知識をはやくもつべきなのである。1センチももちろん大切だが、同時に、大局を見ることが大切であることは論をまたない。

明日なにが起きるかは、だれにもわからないことである。**ただ、過去から推しはかっていけば、大勢はどっちへ向かって推移しているかはつかむことができる。**

株価の動きを見て経済がどっちへいっているかは、気分でははかれない。数字をにらんでいれば、そういったこともわかってくるものである。

朝と夕方では値段が違う

アメリカから「T・M・Q」の社長が来日した。「T・M・Q」は「トレード・マーク・オブ・クオリティ」という会社のことである。驚いたことに、来日した「T・M・Q」の社長は28歳（当時）だった。

この「T・M・Q」が開発したのが、スーパーの食品売場の生鮮食品の値段をデジタル表示にしておいて、状況をにらんで本部でスイッチひとつでこの値段をかえていくシステムである。午後3時に牛肉をいっせいに2割引にする、というときには、午後3時になると、本部でスイッチを押せば、デジタル表示がいっせいに2割ダウンになるのである。

日本だったら、値段をかえるとなると、新しい値段を商品にはりつけたり、値段表を書きなおしたりでたいへんな騒ぎになる。

それがボタンひとつでいっせいにできるシステムである。このシステムを活用すると、ある商品が売れてきたら、その商品の値段を100パーセントあげることも可能である。

時間によって、売れゆきの状態によって、商品の値段が自由に変動させられるのだ。

産地からの情報で、今日中に売り切ってしまいたい商品があれば、その価格を操作することもできる。

現在のスーパーでは、朝、値段をつけたら、一日中その値段で売っている。それではいかん、という発想を「T・M・Q」の社長はするのである。

わが日本マクドナルドは、昭和54（1979）年にコンピューターを使った新しいレジスターシステム「POS」――ポイント・オブ・セールス・システムの開発を松下通信工業に依頼し、つくりだした。

この「POS」では、全店の1日の売り上げ集計が瞬時にでるし、全店の各品目の売り上げが瞬時に本社へはいってきて、私の目の前に数字がでてくる。私は「T・M・Q」の社長にそういって「POS」を自慢した。

ところが、28歳の社長は、「藤田さんは機械の使い方で損をしてる」というのである。

「全店の売れゆきを本社で掌握するだけならば、一方通行だ。本部から店に対して指示をするにもPOSを活用すべきだ。そうすれば、往復でPOSを活用できる」

そういうのである。指摘されれば、たしかにそのとおりである。うちでは「POS」をワンウェイでしか使っていない。

コンピューターの使い方というのはおもしろいものだ、と思ったし、さっそく往復で活用する方向で取り組んでいることは、いうまでもない。

パソコンのソフトウエアを使える人間はまだまだ少ない。パソコンどころかひどい人になると、カメラにフィルムもいれられない、という人が現実にはたくさんいる。

これからの時代は、パソコンぐらいは扱えないと、生きていくことはむずかしい。社会の落ちこぼれ人間になりかねない。

だから、カメラのフィルムをいれることができない、カメラはシャッターを押すだけだ、というような社長たちは、これからは消え去るだけである。

課長だ、部長だ、といばっていても、これからの時代はパソコンも扱えないようでは、通用しない。

電卓をはじくだけが計算ではない

計算とか数字に弱い日本人は、自分の健康を保つためのカロリー計算も苦手のようである。

「あなたは今日の昼食に食べた物のカロリー計算ができますか」

そうきかれて、即座に何カロリーです、と答えられる人は、栄養士などの専門家をのぞいては、きわめて少ないはずだ。

私は、今日の昼食はホテル・センチュリーハイアットで、客と一緒にとった。

しかし、その客の話がつまらなかったので、きくふりをしながらテーブルナプキンの切れはしに、食べた物の材料をグラム数で書きだして、カロリー計算をしてみた。

私が食べたのは、シーフードサラダとパン2枚、それに、コーヒーが2杯。

カロリー計算では、434カロリー。料金は2563円だった。

ふだんから習慣づけておけば、皿の上のものを見ただけで、このエビはだいたい何グラムだから、何カロリー、貝柱は何カロリー、トマト何カロリー、ビネガー何カロリー、食パン2枚は何グラムで何カロリー、とすぐに計算ができるものである。

成人男子の一日に必要なカロリー摂取量は、2000ないし2500カロリー。

したがって、朝食が何カロリーで、昼食を何カロリーとったから、夕食は何カロリーとればいい、とピタリと数字がはじきだされる。

酒だって、今晩は何カロリー分飲めるかは、これで一目瞭然である。

健康管理だけでなく、頭の運動にもなるし、ムダなものは食べないように、節約もできる。料金とカロリーのバランスを見ることができる。

数字を日常生活にとりいれてカロリー計算をきちんとやれば、健康を保ち、長生きして、人生の勝利者になれるのである。

数字を使え、といっても、なにも机に向かって電卓をはじけばそれでいい、というものではない。あらゆるチャンスに数字をもちだして、これを活用することが大切なのだ。

数字で未来を読める人間は強い

人生は有限である。それはどう否定しようとしても否定できない真実である。ところが、人生は有限である、という発想が日本人には稀薄である。外国人にはある。たとえば、アメリカ人は60歳になると第一線をしりぞいて、働こうとはしない。フロリダあたりへいって、魚釣りとゴルフをして余生を楽しむ。残り少ない人生を精一杯楽しむのだ。

それにくらべると、日本人は、今日が永遠につづく、と思っているところがある。だから、年をとっても、死ぬまで働いて、人生を楽しむことを知らない。私は、60歳になったら、第一線をしりぞいて、やりたいことをやって人生を楽しみたい、と考えている。

日本人も数字に強くなったら、人生は有限である、ということがわかってくると思う。

そうすれば、もっと、別の生き方というものがでてくるはずだ。

日本の定年制度を見ていると、定年になったら、関連企業が雇って救済してくれる仕組みになっている。

これなども、無限に人生がつづく、と錯覚している証拠である。だから定年退職しても、関連会社で死ぬまで働くつもりである。

日本は人口が多いし、定年退職しても働かなければ食っていけない、という一面があることは否定しないが、**「定年でもって働く人生は終わり。あとは楽しむ人生だ」と考えるのが本当であると思う。**

手前ミソないい方をすれば、私は14年前に、将来、日本マクドナルドは売り上げ1000億円の企業になる、といったらマスコミは嘲笑した。

「マクドナルドは3日でつぶれる」

「いや、一週間でつぶれる」

「藤田さん、あなた、頭のチェックに病院にいったほうがいい。米とウドンを売らないで、ハンバーガーで1000億円売って日本一の外食産業だなんて、そんなことはありえない」

もう、さんざんに笑われ、メチャクチャにいわれた。こっちは数字をあげていっているのだが、耳をかそうとしない。

一昨年は８４６億円の売り上げをあげて、ついに外食産業の日本一になった。

そこで、マスコミの皆さんに、「来年は１０００億円を売りますから」といった。

ところが、皆さん、シーンとしてなにもいわない。昔は、ワーッと笑った人たちが、たぶん本当だろう、という顔をしている。

私は、「どうか笑ってください」といった。笑われると、やったるぞ、という気になる。しかし、本当だろうな、という顔をされると、かえってやる気がなくなってしまう。

だから、いい加減にここらでやめようか、というのだ。もっとも、それは冗談だが。

私は数字をはじいて、絶対にいけるという自信と確信をもったからこそ、そういったまでなのである。

数字は世界共通語だ

数字は万国共通語である。どこの国の人間にも数字は通用する。

そのことを日本人は忘れているのではないだろうか。日本人は、日本語は世界に通用しないが、数字は世界中のどこでも通用することを、しっかりと心にきざみこみなおす必要があると、私は痛感している。

数字にはそのように説得力がある。

だから、人を説得するためには、大いに数字を活用することが大切である。人の上に立つためにも、数字を使わなければならない。数字のもつ客観性こそが、人を説得するのである。

数字をあげない説得には客観性がなく、ともすればマスターベーションになる。当人がいくらいいといっても、数字の裏づけのないものは、その当人のひとりよがりにすぎない。

これほど、客観性に裏打ちされた説得力をもつ数字を使えない人は、残念ながら、人の上に立つ資格はないし、これからの世界では生きていけない。

第3章

「カラスは白い」という発想が奇跡を生む

さわやかな弁舌は男の武器だ

私は、若いころから、「40歳以上の日本人はスクラップだ」といいつづけてきた。

40歳をすぎると頭が動かなくなる。頭が動かない奴はバカだ、というのが私の持論である。だから、日本には40歳以上の者はいらない。若い人間がこの世の中を引っぱっていけばいい、と主張してきた。そういってきた私も、59歳。もう、そろそろいらなくなった人間ではないか、と思う。

世の中は40歳までのフレッシュな感覚でことに当たるべきである。政治しかり、経済しかりである。若い感覚でやったほうがいい。これは、いってみれば戦略、大方針である。

しかし、ただ、若ければいいかというと、若いだけでは困る。「カラスは白い」ということを証明できる弁舌の持ち主でなければならない。これが戦術だ。だれにきいても「カラスは黒い」という。

しかし、「カラスが黒い」のは当たり前の話である。実は「カラスは白い」のである。

あなたは「カラスは白い」ということを証明できますか。私は「カラスは白い」ということを証明できる人間でなければ、この資本主義社会は生きていけない、と思う。

もしも、あなたが、自分の奥さんでもいい、彼女でもいい、恋人でもいい、友だちでもいいから、その人の前で「カラスは白い」ということが証明できれば、あなたは一流のセールスマンとして通用するし、一流の社長にもなれるし、この資本主義社会を生きていくことができる。

あなたの話をきいて「なるほど、カラスは白い」とうなずいたら、である。

「それでもカラスは黒い」といわれるようでは、アウト、ダメである。それぐらい資本主義社会というのはトリッキーなところがあるのだ。

例は悪いけれど、布団を売る、ダイヤモンドを売る、住宅を売る、という場合は、すべて、この「カラスは白い」が基本になっている。

だから、「カラスは白い」ということを証明して、相手を納得させられる人なら、布団でもダイヤモンドでも住宅でも、なんでも売ることができる。そして、資本主義社会で立派に生き残っていくことができる。

「カラスは黒い」とか「1プラス1は2である」と、当たり前のことを当たり前にいっていたのでは、だれひとり説得はできない。

「カラスは白い」ということを証明できる、さわやかな弁舌を身につけるべきである。そんな弁舌を武器にしなければならない時代なのだ。その弁舌を武器にできれば、太陽は西から上がる、ということだっていえるようになる。

「太陽は西から上がります。たまたま、今日は東から上がりました。しかし、明日は西から上がります」

こういって相手を説得することも可能である。そういったことをいえるようでないと、金は儲からない。当たり前のことを当たり前にいっていたのでは儲からない。

大衆レベルで攻略法を考えろ

人間はみんな、明日も健康でありたい、と思っている。明日も金を儲けたい、と考えている。健康で金が儲かれば「勝ち」なのである。考え方として、あまりレベルは高くない。

要は、「勝てば官軍」なのである。「勝てば官軍」ということは「説明は要らない」ということである。負けてから、なぜ負けたか、という説明は要らない。

ビジネスでも、説明は不要である。勝てば官軍で、とにかく勝てばいい。勝ちさえすればすべて合法化される。合法化、英語でいう〝ジャスティファイ〟＝〝正当化〟である。

勝てばすべてが〝正当化〟されるのである。

ビジネスは儲からなければダメである。

理由をいろいろといって「だから儲からなかった」と悔やんでみてもしかたがない。そんな言い訳は通用しない。勝つことがすべてなのである。

それでは、どうすれば勝てるのか、というと、あまりレベルの高いことを考える必要はない。私はいつもうちの広告宣伝課にいっている。

「この部屋にいる、一番レベルの低い人間に合わせて、宣伝文句を考えてくれ」と。

レベルの高い人間に合わせて、これはいい、すばらしいアイデアだ、といっても、そんなものは大衆受けしない。大衆というのは、それほどレベルが高いものではない。大衆に受ける宣伝をやろうとすれば、大衆レベルで発想しなければならない。

私は、広告宣伝というものは、レベルは低くてもいい、と思っている。大衆のレベルが低いからといって、これを啓蒙しようなどとは思わないことである。人を啓蒙しようなどと思ったら、金は儲からない。

会社は営利を追求するところである。学術論文を書くところでもなければ、人になにかを教える学校でもない。

その、物を売って営利を追求する会社が、人を啓蒙しようとか、敬服させてやろうとか

いうおこがましい考えをもったら、その時点で負けである。

不安と二人三脚で生きている人を説得する上で、一番大切なことは、断言することである。

友だちの医者がいっていたことだが、あそこが悪い、ここが悪いという患者がきたとき、「どこも悪くありませんよ」というと、患者は納得しない。むしろ不安がる。そこで、突発性○○炎でもいいから、とにかく病名をつけてやると安心するという。

ビジネスでも同じだ。あいまいにはいわない。ハッキリということが大切である。

「それにはこの方法しかない」

そう断言することである。

「それにはこういう方法もあるかもしれないが、その方法をとったからといって、あなたがうまくいく、ということは保証できません」

こういういい方ではダメである。絶対の信念をもって、

「こうすれば、勝てる。これでいきなさい」

そう断言することである。

断言すると、きいたほうも、そうかな、と思ってその言葉にしたがう。そうすると、不思議に勝てるものなのである。

ビジネスは朝令暮改でいい

ビジネスの世界では、刻々と情勢は変化していく。それについていくには、朝令暮改でいくしかない。

日本人は朝令暮改をいやがるところがある。しかし、これだけ情勢の変化のスピードがはやくなってくると、朝令暮改でいかなければ、間に合わないことがある。いつまでも、朝決めたことにこだわっていては、負けてしまうことだってある。朝令暮改どころか、ときには朝令朝改でいかなければならないことだってでてくる。

朝令暮改はよろしくない、というのは、これまでの常識だった。しかし、時代とともに常識もかわっていくものである。常識も時代に合わせてかえていかなければならない。いつまでも、江戸時代や明治時代の常識を後生大事にかかえていたのでは、時代に取り残されてしまう。

かつて、江戸から京都までは、カゴで53日かかった。今日では、東京と大阪の間は航空機を利用すれば、所要時間は40分である。東京と大阪が40分の時代に、江戸と京都がカゴで53日かかった時代の常識やものの考え方をもちだしても通用しない。

自然界では、江戸時代もいまも、梅にウグイスがくることにはかわりはない。それを愛でる人は、いまも昔もいる。梅にウグイスを歌によみ、月を観賞し、雪を俳句にして生きている人もいる。そういった人はそれでもいいが、ビジネスの世界では梅にウグイスといっていたのではダメである。

ビジネスの世界では、ウグイスは桜にくるかもしれない。ボタンの花にくるかもしれない。桜にウグイスが常識になることだってありうるのだ。

必要に応じて常識をかえていき、朝令暮改はおろか、夕令暮改も必要とあればやっていくべきである。

自分を第一人者だと思え

事をはじめるに当たって、他の奴も同じことを考えているのではないかと危惧することはない。このことについては、自分自身が一番精通している、自分自身が天下の第一人者だ、と思うべきである。これがやれるのはオレしかいない。オレ以外の奴はカスだ！　そう考えるべきである。

ライバルだと思うから、自分と同等だ、と思ってしまう。同等だなどと思わずに、自分には逆立ちしてもかなわない奴だ、オレのほうがはるかにスーパーなんだ、と思うべきなのである。

私の日本マクドナルドは、昭和59(1984)年、日本ではじめて1000億円の売り上げを記録した。

日本の外食産業でこれまで1000億円の売り上げを記録したところはないから、1000億円の記録達成は、栄光の記録だといえる。

うちの社員は、その栄光の瞬間を自分たちの手でつかむことができたのだ。何十年かたってふり返ったとき、前人未到の外食産業の売り上げ1000億円の栄光の瞬間に立ち合ったのだという誇りは、社員の心に死ぬまで残るはずだ。

1000億円突破の日は、昭和59年12月8日であった。だから、私はその約1か月前の10月26日に、ホテル・ニューオータニで3200人の大パーティを開催した。

しかし、これは前人未到の記録ではあるが、1000億円で満足しているわけではない。やはり、何千億円と売るべきなのである。1988年には2000億円の売り上げを達成したいと思っているし、西暦2000年には5000億円を売るところまでもっていくつもりでいる。

だから私は、社員に「われわれが団結してやれば、絶好のチャンスがつかめる。人生、先手を打て、トップランナーとして走れ」といっている。私のこの弁舌が、いま、社員を動かし、社員はハンバーガーを売って売りまくっているのだ。

さわやかな弁舌でライバルを倒したあとでなにをするかというと、人間には男と女しかいないから、いい女をひとり占めするという楽しみが残されている。

弁舌たくみに接すれば、女を手にいれることもいたって簡単である。

たとえば、女性に、目を閉じて手の平を上に向けて静かに手を握ってみなさい、といったとしよう。

親指を外にだして握る女性もいれば、親指を中にいれて握る女性もいる。あるいは、親指を4本の指の上におくようにして握る女性もいる。

いろいろ握り方はあるが、だいたい、4通りしかない。

そこで「手の握り方で、しあわせになれるかどうかわかるのだ」ともったいぶっていうと、かならず教えてほしい、と本気になる。

「これは人生の秘訣だから、めったなことでは教えられない。ホテルの一室でふたりだけになって、くわしく教えてあげよう」というとまず、ついてくる。

このときに「手の握り方で、病気がなおるし金も儲かる」といえば、よほどのことがないかぎりついてくる。密室で女とふたりきりになれば……。それ以上はいうだけヤボである。

基本は「カラスは白い」ということを弁舌で証明できるかどうかである。

なおらない病気でもなおる、といい、縁のない金だって儲かる、といえば、ついてくるのが日本人である。日本人ぐらい、現実的で現世的な国民は世界中さがしてもいない。

つまり、日本人は1億無宗教だ、といってもいい国民なのである。非常にハレンチな国民ともいえる。そんな日本人に対しては、さわやかな弁舌は男の武器になる。そして、それは、頭でライバルを倒す最高の方法である。

諸君、カラスは白なのだ。本当に真っ白なのだ。

さあ、そのカラスの白さを証明してみたまえ。

第4章

遊び方を知らない奴にいい仕事はできない

男の仕事の舞台は日本だけではない

私は日本マクドナルドの社長をしているが、このたび、合弁会社のアメリカのマクドナルド本社の重役にも就任した。肩書は「アドバイザー・ディレクター」。名前だけの重役ではなく、実際になにをやるかも決まっている。

日本マクドナルドは、日本第1位の外食産業になり、私は海のものとも山のものともわからなかったハンバーガーを日本に定着させ、広めることに成功した。

ハンバーガーの製法に関しては、アメリカのマクドナルドは立派なハードウエアをもっていた。しかし、どうやって日本で売るか、というソフトウエアはもっていなかった。売り上げ1000億円を記録できるほど成功したのは、日本側が開発したソフトウエアがよかったからである、と私は自負している。

その日本の開発したソフトウエアがアメリカでも通用するかどうかやってみろ、というのが、アメリカのマクドナルド本社の重役としての私の仕事である。はたして通用するかどうか、私はやってみる。

日本製のテレビや自動車は、今日、アメリカでは高い評価を受けている。「日本の製品はすばらしい」そういう賞賛の言葉はアメリカではどこにいっても耳にすることができる。しかし、製品はほめられても、日本人がほめられることは皆無である。日本人で、世界の歴史に名前をとどめている政治家はひとりもいないし、世界中に通用するビジネスマンもひとりもいない。

私がアメリカの企業の重役になったことは、そういった意味からすれば画期的なことである。どのような展開になるか、大いに楽しみである。

これから、私のように、外国のビッグビジネスの重役になる人がどんどんでてくれば、日本の国際観や日本人のレベルアップが可能になるのだ。

国際社会に生き、国際的な視野に立つことが、いまこそ必要なのに、日本人の頭の中には「いざというときに備えて」という〈いざ主義〉がいまだにこびりついているようである。

たとえば、農業の問題にしても、国民の主食は自給自足していないと、〈いざ〉というときに困る、という発想から出発している。

ところが、今日は〈いざ〉を考える時代ではない。もしも〈いざ〉石油がはいってこないという事態になったら、その瞬間に、日本は終わりなのである。米がどうの、大根がどうのというはるか前の段階でアウトになる。

ということは〈いざ〉という状態を起こしてはならない時代なのだ、といえる。〈いざ〉ということが起こりそうになったら、世界中の国が力を合わせてそれをおさえなければならない時代なのだ。

なにが起こっても日本は関係ない、ということはいえないし、日本だけが世界から孤立して生きていける時代でもない。日本は世界の一員であるし、〈いざ〉という事態を招かないために、なんらかの形で国連に協力するとか、世界平和に積極的に協力しなければならない立場にある。場合によっては、海外へ自衛隊を派遣して国際監視軍に参加しても〈いざ〉という事態の到来は阻止しなければならない、と思う。**日本ひとりが、絶対平和で国際監視軍にも加わらないでじっとしているというのは許されないのである。**

イラン・イラク戦争が拡大され、ホルムズ海峡が封鎖されれば日本には石油がはいってこなくなる。そういった時代に、食料は自給自足しよう、国産品を愛用しよう、などとケツの穴の小さいことをいっていたのでは生きていけない。

虎ノ門あたりにいくと通産省（現・経済産業省）のポスターがはってあって「国産品を愛用しましょう」と印刷してあるが、国産品愛用主義というのは、一見、国の役に立っているようだが、立場をかえると、きわめて危険な発想にほかならない。そんな発想では、世界の中の日本として、生きていけなくなる。

これからは日本人であるとか、中国人であるとか、ロシア人であるとかいうのではなく、世界の一員なんだという考えでやっていくべきである。日本人であるとか、中国人である、といった考えでは、発想がどんどん小さくなって、積極的に世界平和に貢献できなくなってしまう。

外国人に伍《ご》していくにはテレビや自動車の輸出ばかりでなく、人間の輸出もするようにならなければならないのだ。それも、一部の学者がいくだけでなく、ビジネスマンのレベルでいくべきだ。男の仕事の範囲も、そこまで広げて考えるべきではないかと思う。

人生の楽しみは〝遊び〟だけではない

人生の楽しみとはなにか。そうたずねると、仕事からはなれて遊ぶこと、と答える人が多い。しかし、私はそうは思わない。

ある人に非常に苦痛であることが、別の人にとっては楽しみであることもある。だから、人によって、楽しみは多種多様である。楽しみの内容が問題なのだ。

陸上競技の100メートルの選手が、楽しみで水泳をやる。あるいは水泳の選手が走り高とびをやって楽しむ。他人から見ると、100メートル全力疾走でスタミナを消耗した上に、泳いだり高とびをしたりしなくてもいいのだが、当人が夢中になっていれば、それでいい。

将棋指しが、休憩時間に碁を打って楽しむのも、学者が推理小説の犯人さがしに夢中になって頭を休めているのも、いかにも仕事の延長のような気がするが、本人が楽しんでいれば立派な楽しみである。

ところが人生の楽しみは、仕事からはなれて、まったく関係のないゴルフをしたり、山登りをしたりすることだ、と思いこんでいる人がいる。そういった〝遊び〟は、楽しみ方の一分野にすぎない。パソコンで仕事の合理化をしている人が、パソコンゲームに夢中になって遊ぶのも、楽しみの一分野である。

楽しみは仕事から180度はなれたところにある遊びだけではない。そういった遊びでしか楽しみを得られないとしたら、その人は不幸である。

いい人生を送ろうとすれば「地ならし」が必要である。同じところばかり踏んでいては、「地ならし」にはならない。そんな土地にはいい家は建てられない。家を建てるためには、全部「地ならし」をしなければならない。

仕事というのは、ある一定のところだけを踏んでいるようなものである。踏んでいれば、そこは固くなり、いい土地になる。

しかし、それだけではダメで、こっちも踏まなければならないし、あっちも踏まなければならない。全部踏み固めなければ「地ならし」はできない。

全部踏んではじめて立派な「地ならし」ができ、いい人生を送ることができるのである。仕事の鬼になって仕事ばかりやるのもけっこうだが、それでは非常にかぎられたところだけを攻めることになる。別のところも攻めなければならない。その、別のところを攻めるのが、人生の楽しみ方なのである。

特別に、ゴルフや山登りにこる必要はない。同じことではないことを普通にやっていればそれでいい。

100メートルの選手は水泳をやることで、スタミナの配分の仕方、使い方がおのずと参考になるはずだ。将棋指しは囲碁を打つことで勝負のカンに磨きをかけることができるだろう。ちがうところを踏んでみれば、仕事も広がってくるし、見方がかわってくるのだ。

人生の楽しみ方とは頭の切りかえ方でもある。遊びでなくても頭を切りかえる方法はいくらでもあるはずである。夢中になって精神を集中して打ちこめるものであれば、仕事と同じ線上のものでも十分である。

要は、頭の切りかえ方である。

今日、生活は複雑になってきた。高度な生活が要求される。だから、楽しみ方、頭の切りかえ方も、ひとつやふたつではなく、たくさんあったほうがいい。

ところが人生の楽しみ方は山登りひとつだけしか知らない。というのでは困ったことである。

幅広く人生の楽しみ方を知っている人は、頭の切りかえ方をたくさん知っている人である。おのずと集中力も身につき、別の角度から仕事を見ることができる。そういった人のほうが、人生の楽しみ方をひとつしか知らない人よりも仕事がよくできるのは当然である。

はじめに、テレビや自動車もいいが、人間も輸出するようにならなければならない、と書いたが、輸出できる人間は仕事ができる人間であることはいうまでもない。

つまり、人生の楽しみ方を知っている人のことである。輸出しても仕事ができないダメ人間として送り返されてくるようでは論外である。

「下手前」ゴルフの楽しみ方を見習ったらどうか

私はゴルフは下手《へた》である。上手な人と下手な人に分類すると、下手な部類にはいるが、自分では下手の人より1ランク下だと思っている。

下手の前だから、私は自分のゴルフを「下手前ゴルフ」と称している。「私のゴルフは下手前ゴルフです」というと、たいていの人が「なんですか、それは」とき返してくる。

しかし、この私の「下手前ゴルフ」は「会社安泰ゴルフ」でもある。私がもし、ゴルフが上手だったり下手だったりすると、会社が危なくなる。お声がかかりっ放しで、年中ゴルフをやっていなければならなくなるからだ。ゴルフ場へいって同じ金を払うのなら、数多くターフをけずりとらなければ損である。もっとも、これは冗談だが。

ゴルフの目的は、楽しむことと、健康保持に役立てることにあると私は思っている。健康という面から考えると、パーの36回しかクラブをふらないよりは、倍の72回ふったほうが、はるかに健康にプラスになるではないか。

それから、欧米のゴルフの楽しみ方に「頭打式カウント法」というのがあって、これだとどんな下手くそな人でも楽しむことができる。

つまり「7」以上叩いても、それは勘定しないのである。8つ叩いても、10叩いても、すべて「7」にする。これだと、ハーフ63が上限である。ショートホールでひとつパーをとれば、59であがれるから60を切れる。これは楽しい。

だから、私はゴルフをするときに「頭打式カウント法でいきましょう」という。ところが、「いいですよ」と賛成してくれたパートナーが日本人だとおもしろいことになる。

「いやあ、藤田さん、8つ叩きましたよ。8つ叩いての7」

「スリーパットで9つにしちゃったけど、頭打式カウント法だから7です」

などという。

「7以上は7で、いくつ叩いてもノーカウントですから、8だとか、10だとか数えなくてもいいのですよ」

といっても、8の7とか、10の7だとかいう。数えなくてもいいのだから、7叩いたらボールを拾ってつぎのホールにいけばプレーもはやくなるのだが、どうしても、いったんきちんと申告する。

7を上限と決めた遊びでも、せっかく決めた上限を心から楽しまないのだ。 7を上限、と決めておけば、あいつ、9つ叩いたのにひとつごまかして8といった、といって腹を立てることもない。ゴルフは遊びだから、徹底して楽しめばいい。

ところが日本人はゴルフも真剣勝負みたいに考えて、打数をきびしく数えて争うところがある。そういった厳密さは、あまり意味はない。賭けゴルフであれば一打のちがいに目の色をかえるのもしかたがないが、ゴルフは遊びなのだから、まず、楽しむことに徹するべきである。

欧米人が、なぜ、ゴルフのカウントの上限を「7」にしたのかは知らない。しかし、上限を定めてゴルフをする、というのは、逃げ道をつくっておく、というところからでた発想のように思われる。

人間は追いつめられて逃げ道がなくなると、窮鼠《きゅうそ》猫を噛む、というように、ヤケクソになって刃向かってくることがある。そうさせないために、逃げ道をつくってやってから攻めるのが、相手に噛まれないためのコツである。それを遊びにも応用したのではないだろうか。そうして、徹底してゴルフを楽しめるようにしたのだと思う。

上限を7、と決めていても、日本人は実際は9だったとか10だったとかいってこだわる。日本人の心の中には依然として、武士道の潔癖症のようなものが残っているようだ。

世の中が大きくかわってきているにもかかわらず、生活のいろんなところに、300年ぐらい前の古い発想がしみついて残っている。

しかし、ものの考え方はその時代に即したものにかわっていくべきなのである。ところが、日本人はすぐれたソフトウエアは数多くもっているのだが、時代に合わないソフトウエアも後生大事にかかえこんでいるところがある。

たとえば、ゴルフがハードウエアだとすると、ゴルフというハードウエアに合わない、古いソフトウエアをゴルフにはめこんでいるところがある。

ゴルフという新しいハードウエアには、新しいソフトウエアを開発しなければならない。

それなのに古い考えをゴルフにもちこんでいる。そういったチグハグなところが日本人にはある。

戦時中の話だが、海軍には「精神注入棒」といって、新兵をぶん殴る棍棒があった。あれは、もともとは、英国人が奴隷に船をこがせるときに、棍棒《こんぼう》でぶん殴っていたのを見た日本海軍のだれかが、同胞をぶん殴るために導入したものである。

英国式の悪いところだけを誤って見習ったのだ。

ゴルフにしても、英国式の紳士のスポーツだということが必要以上に強調されて、アメリカ式に裸でプレーなどしたら、マネージャーがすっ飛んできて文句をいう。楽しむためのゴルフで服装までとやかくいう必要はないと思う。カミシモを着てゴルフをしたのでは楽しむどころではない

女遊びしかできない奴にいい仕事ができるか

人生を楽しめ、というと、女に突っ走ってしまう人がいる。人間は動物だから、女で楽しむ、という考え方も一理ある。しかし、それはあくまでも楽しみの100分の1か1000分の1でいい。

今日、これだけの文明生活をしていて、楽しみは女だけだ、というのはたいへん気の毒である。女は人間が文明生活をする以前の、２０００年前も1万年前にも存在した。文明社会では、女以外に、もう少し頭を使う楽しみ方があってもいいのではないだろうか。

女のオッパイにさわって楽しみたい、というのは、一番基本的な楽しみ方かもしれないが、それだけでは楽しみ方が原始的すぎる。**人生の楽しみ方は、別の乗り物に乗ることだと考えてもいい。**

電車に乗っていた人が、つぎは自動車に乗り、飛行機に乗りついで、それからモノレールに乗り、さらに地下鉄に乗って目的地に達するようなものである。電車に乗るのが仕事で、ほかは仕事の延長上の乗り物に乗るという楽しみである。そのつど乗った乗り物に夢中になればそれでいい。**女だけでなく、いろいろ乗り物に乗って頭を切りかえて、人生を大いに楽しめばいいのだ。**

しかし、ここまで文明が高度に発達すると、人間は考えも及ばなかったことを体験することになる。

この間もロサンゼルスにいったら、パリにいって向こうの人間と会ってくれないか、といわれた。ロスからパリまでだと長旅になる。私は、パリへいって会うようにいわれた男に電話して、ロスとパリのほぼ中間のシカゴで落ち合うことにした。

ロスからシカゴまではジェット機で3時間である。ロスは気温が摂氏35度だった。それで夏の服装で飛び立ってシカゴに着いたら、なんと雪が降っているのだ。これにはまいって、友人に電話してオーバーを借りて急場をしのいだ。

私は大阪から東京へ飛ぶようなつもりだったから、つくづくアメリカの大きさには驚嘆した。考えてみれば、日本でも大阪から北へ3時間もジェット機で飛べば、北海道を通りこして樺太の先までいってしまう。

そういう国で、私は日本で練り上げたソフトウエアを持ちこんで商売しようというのである。３００年前の古い発想では、とても勝負にならない。まして、1億年前からいる女のオッパイにさわるのを唯一の楽しみにしているようでは、アメリカ人を仰天させるような仕事はできない。

読者諸賢にも、人生いろいろな方法で大いに楽しんでもらって、バリバリ仕事もしてもらいたいと思う。

第5章

人生のマラソン・ゲームに勝ち抜く方法

自分のハンディを見抜いて人生プランを立てろ

人間は生まれたときに遺伝の法則で体の大きさが決まってしまう。

背の高い人もいれば低い人もいる。ベッピンもいればブスもいる。オッパイの大きいのもいるし、小さいのもいる。

民主主義だ、平等だ、といいながら、みんな体の大きさはちがう。けっして平等ではないのである。体だけではない。生まれたときの環境からして千差万別である。ものすごい金持ちの子に生まれる人もいれば、赤貧の家に生まれる人もいる。

そして、そこから、「人生マラソン」がはじまるのである。マラソンはいっせいにスタートをして同じゴールにはいってくる。しかし「人生マラソン」はスタートを切る時期もちがえば、ゴールもちがうマラソンである。

第一、スタートの生年月日からしてちがう。人相も体格も頭のよさもすべてちがっている。金持ちの家に生まれた者に対して、赤貧の家に生まれた者は、スタートからたいへんなハンディキャップを背負っていることになる。

そこから、60年、70年なりの人生マラソンがはじまるのだ。

人生マラソンでは、この自分の背負ったハンディキャップをいかにはやく発見するかが成功へのカギになってくる。

ところが短足であるとか、病弱であるとかいった肉体的な欠陥は気がつくが、**どれだけ仕事ができるか、というようなことはなかなか気がつかないものなのだ。**

そういった自分の能力なりハンディキャップをはやく発見して、自分はこういうふうな人間だからこっちへ進んで能力を伸ばすようにしよう、という生き方をつかんで「人生マラソン」を走ったものが勝つ。

つまり、自分の遺伝的な能力をいかに環境に適合させ、自分なりの人生法則をもっていくかが、競争社会で生き残るコツなのだ。

ところが、意外にそういったことに無関心である人が多い。

もっとも、美人にかぎって、自分は美人である、ということを知っている。しかし、美人が美人として通用するのは、短期間であり、長い「人生マラソン」から見れば瞬間的なことにすぎない。大切なことは人生のプランをつくって、それによって走っていくことである。

人生は非常に残念なことだが、スタートから不平等である。私は、東大在籍中から、進駐軍のキャンプで徹夜をして働いて、学資や生活資金をかせがなければならなかった。父を亡くしていたし、母を養わなければならないから、遊んでいるわけにはいかなかったのだ。ところが、私が徹夜で働いているというのに、大臣の息子なんかはテニスをしたりダンスをしたりして、遊びながら優雅に勉強をしている。つくづく世の中は不平等だと思った。

しかし、私は、そこで自暴自棄にはならなかった。人生は不平等だが、「人生マラソン」に挑戦して、楽なスタートを切った連中を追いぬくほかはない、と思ったのだ。

事実、そうやって、長い「人生マラソン」を走りながら、途中で追いぬいてきた。追いぬこうと思えば追いぬけるものなのだ。

鉛筆でもナイフでけずればとがってくる。それと同じで自分の能力も、ナイフでとがらせるようにトレーニングをしなければならない。

鉛はいくら磨いても鉛であって金にはならない。しかし、磨けばとがってくる。だから、少なくとも能力を磨くトレーニングをおこなう必要はある。そうしておいて人生のマラソンに挑戦する。

アメリカ人に生まれるか、日本人に生まれるか、ベトナム人に生まれるかによっても人生は変わる。しかも、この与えられた運命はどうあがいてもかえられないものである。あとは挑戦あるのみである。運命に屈してはならない。

つき合う人間はとことん選べ

東京都の人口が１０００万人をこえているからといって、都民がそれぞれ１０００万人の人間とつき合っているわけではない。人口３万人の地方都市の市民も３万人の市民全員とつき合って生活をしているわけではない。

こうしてみると、人間はきわめてせまいサークルで生活をしているのだ。日本に１億１０００万の人がいるといっても、毎日、自分が声をかけている人は、少ない人なら、せいぜい20人程度。いや、10人程度の人もザラにいるだろう。私にしても、話をするのはせいぜい40人ぐらいである。ということは、非常にせまい範囲の40人とか50人のサークルが、ずっと輪になって、友だちができたり、面識ができたりして生きていることになる。

こういったことから、仏教の〝縁《えん》〟という発想がでてくる。「袖触れ合うも他生の縁」とか「ご縁があって結ばれる」という発想である。

本当に悲しいことではあるが、毎日、何万人と話をする人はいないのである。１億１０００万人の日本人の中で生きていると、大きな会社にいるような錯覚におちいるが、実際はほんのひと握りの人間としかつき合っていない。

つき合う人間がこのように限定されてしまうのであれば、**つき合う人間を選択する必要がある。**せまいサークルでなるべく自分のプラスになる人間とつき合っていくには、選択が大切になってくる。

私は若いときから、自分の同年輩以下の人とは絶対に酒を飲まない主義をつらぬいている。30歳ぐらいのときに、自分よりも年の若い者と酒を飲んでも、なんのプラスにもならない。金と時間をドブに捨てるようなものだ。かぎられた人間としかつき合えない以上、自分の時間も相手の時間も大切にしなければならない。だから、つねに私は年配者としか酒を飲まないことをモットーにしてきたのだ。

私はタクシーに乗るとかならず、運転手さんと話をすることにしている。「運転手さん、今日、商売はどうだった?」ときくのだ。

「いや、今日は雨が降ってたから」とか、「最近は客が多い」とか、「このごろは１０００円乗る人がいなくて、５、６００円の人が多い」「このごろは、夜、長距離乗ってくれる人が多い」「盛り場へいっても能率が悪くて、景気が悪い」などと、いろんな返事がかえってくる。

タクシーの運転手は、だいたい、１日80人ぐらいの客を乗せるそうだ。だから、話好きな運転手だと、1日80人の客と会話を交わしていることになる。1日に4、50人の人としか会わない私よりも、もっといろんな人に会っている。

そのタクシーの運転手の情報は、あくまでも運転手の情報であって、学者の情報ではない。しかし、**運転手の情報であってもダイジェストする方法を知っていれば、やはり情報にはなるものなのである。**

タクシーの運転手もいろんな情報を知っているが、お巡《まわ》りさんも、いろんなことを知っている。「なにしているのですか」とそばに寄ってきくと、

「新宿で引ったくりがあったから警戒している」とか、

「外国の大統領がきているから警戒している」

などといろんなことを知っている。

しかし、お巡りさんの中には、そういったことをきかれるのをイヤがる人もいるし、内容によってまったく教えてくれない場合もある。

お巡りさんがイヤがっても、なにかをたずねて逮捕されるわけではないから、やはり、積極的に情報を引きだすべく、話しかけてみるべきである。得する情報がころがっているかもしれないではないか。

違う世界の人間と話すチャンスを逃していないか

汽車でも電車でも飛行機でも、乗ったらすぐに隣の人に話しかけるべきである。

隣り合わせた人は、自分とちがう社会に生きている人だから、全然、自分のもっていない情報をもっているはずである。男でも女でも、おじいさんでもおばあさんでも調子よく話しかけることが大切である。

おもしろいのは外国で美人と隣り合わせたとき、人相を研究しているとか、手相を研究しているというと、100人が100人、話に乗ってくることだ。全然でたらめじゃ困るから、手相入門ぐらい少しかじっておく必要はある。それをかじっておくだけで、美女の手を握って親密に語り合えるといういい思いをすることができる。

隣り合わせた者と話もできない人は医者みたいな人だと思う。医者は大学がちがうと外国人ぐらいのちがいがある。

東大の医者と日大の医者、東大の医者と慶応大の医者、慶応大の医者と慈恵医大の医者は、おたがいに外国人みたいにちがう。交流がない。京都大学の医者は京都大学の医者ばかりとつき合う。つまり、極端にせまい社会で生活しているのだ。ほとんど閉鎖され、孤立した社会である。

私はそういった医者の社会を見ると、典型的な日本人の社会を見るような気がする。

日本人は同じ日本人でありながら、電車や飛行機で隣り合わせても、話もしない。

「人を見たら泥棒と思え」というか、まるで言葉が通じないように知らん顔をしている。中には人の前でイビキをかいても失礼ともいわないで、知らん顔をしているバカもいる。

これから、どうしても成功したいと思う人は、どこへいっても隣り合わせた人と話ができなければならない。

ただ、電車や飛行機では、隣の席にだれがくるかわからない。学者がくるか、銀行員がくるか、主婦がくるか、老人がくるか、子どもがくるか、わからない。

そこで、自分をテストしてみる。どんな人にでも適応していく力があるかどうかテストする絶好のチャンスだからだ。

隣の人と話をするのは、どこまで自分が未知の世界に飛びこめるかのトレーニングの場でもある。

有名な会社の社長がビジネスの話で紹介者に連れられて会いにこられたときに、

「いや、藤田さん、この間は飛行機の中で、あなたのすぐうしろの席にすわっていたのですよ」

という。

「なぜ、声をかけてくれなかったのですか。そうすれば、そこで話がすんだのに」

私はそういった。

その社長がいずれ紹介者と一緒にくることは知っていたが、私のほうは先方に気がつかなかったのだ。

どうやら、その社長は、紹介者がいなかったこともあって声をかけることを遠慮したようだが、そんな遠慮は無用である。厚かましくやらなければ損だ。

私の会社の社長室はいつもドアを開いてある。全社員に、いつはいってきてもいい、用事があったらいつでもノックなしにはいってきてくれ、といってある。

かつて、双葉山という名横綱がいた。強い上に、相手が立ったら絶対に待ったをしないことでも有名だった。私が社長室のドアを開きっ放しにしているのも、どんな社員が乗りこんできても受けて立つという気持ちがあるからだ。どんな用事できても、受けて立つ、という気持ちである。やはり、多くの社員を率いていくには、そうやってドアを開いていつでも社員を受けいれる姿勢が必要である。

社長だからといって、社長室にふんぞり返って、用事があるヤツは秘書を通し、ノックしてからはいってこい、といっているようでは仕事ができるはずがない。そんな社長が多いと思うが、そんな社長の会社は儲かっていないと思う。

日本人は、能力の生かし方を知らない

日本人は、すぐ団結するとか、グループになるとか、村意識があるとか、いろいろいわれる。これは、せまい土地で団結して、物を分かち合っていかなければならない、というので昔からやってきたソフトウエアである。

アメリカの都会でも、郊外は別として、密集生活者が多くなると、この、いかに生きるべきかという日本のノウハウは通用するはずである。

私は外国人に日本料理をごちそうするときに、これは2000年間テストずみの料理ですという。だから、寿司は生魚だからといってこわがることもないし、フグの毒を恐れる必要もないし、大根オロシが不衛生などということを心配する必要はない、といってやる。

日本料理の人体実験は、製薬会社が5年、10年と実験しているよりもはるかに長く、2000年のテストをしているのだから、100パーセント大丈夫だ、安心して食べてください、といってすすめる。

だから、日本料理にかぎらず、日本が2000年間かけて開発したソフトウエアはアメ

リカでも絶対通用するはずである。

アメリカの200年の歴史にくらべると、仁徳天皇以来2000年の日本の歴史は絶対に〝一日の長〟がある。

問題はその日本のソフトウエアをいかにうまく活用するかである。

日本には立派なソフトウエアがあるにもかかわらず、アメリカのほうがいいと錯覚して、アメリカ式経営とかいってありがたがっているが、日本式経営にもけっこういいものがある。ただ、みんなそれに気がついていないだけである。

私は2000年かけてはぐくんできたソフトウエアを生かすときがきていると思う。

日本人は、アメリカは物質文明が進んでいるとか、機械文明が進んでいるとかいって、日本の後進性を自嘲する傾向がある。それでは、日本のもっている精神文明のソフトウエアを生かしているか、というと生かしきっていない。

アメリカの物質文明、機械文明は、いわばハードウエアである。そのハードウエアのアメリカには日本人が世界に誇れると思っているソフトウエアをもって乗りこんでいく。日本人は意識していないけど、それがソニーのカラーテレビとか、トヨタの自動車にあらわれている。

日本人は日本のソフトウエアをもっと活用することを考えるべきである。

人には60パーセント、自分には120パーセントで当たれ

なかなか結婚しない女子社員を見ていると、100パーセントの男を求めて高望みしていることが多い。

背が高くて、金持ちのボンボンで、ハンサムで学歴があって、家があって……と条件を並べ立てる。その条件をつけるほうはといえば、背が低く、短足で、デブでブスときている。

そういうことを棚に上げて、なぜ、100パーセントの男を求めているのか、といいたい。だから、高望みをしすぎている女子社員には、100パーセントの男はいないから、6掛けにしなさい、とアドバイスをすることにしている。

60パーセントよければ、よし、とすべきである。そんな境地になれば、短足のブスにも男はいい寄ってくるものだ。

相手を見て、この人は60パーセントだな、と思うと、向こうもこっちを60パーセントだと評価するものである。

なにも結婚相手だけを6掛けにしろ、というのではない。人生は自分の希望を100パ

ーセント達成できるものではない。6割いけば、まあまあいい、という感じである。7割いけば、上出来である。8割いけば感謝すべきである。

いいかえれば、人間は目的を6割達成すれば、我慢するべきである。8割達成したら、満点だと思うべきなのだ。そう思えば、それ以上いけば、感謝して生活する気持ちになる。やみくもに、感謝しながら生活しろ、といわれても反発するが、6割でよしとし、8割で満点だと考えれば自然と感謝の気持ちで生活するようになるはずだ

ただし、私は、自分には120パーセントの完全主義で当たるべきであると思っている。

何事もぬかりなく徹底的にやること、いいかげんでは成功できない。

自分がつねに120パーセントのきびしさをもっていれば、他人は60パーセントできれば満点だという気持ちになる。100パーセントの花嫁をさがしてもありえないように、100パーセントの部下もありえない。60パーセントで上等だ。

この120パーセントと60パーセントの呼吸が成功の秘訣である。

私は電車に乗っているときや、風呂にはいっているときなど、ひとりでいるときに、自分だけの「連想ゲーム」をする。

いまの事業が発展したら、そのときにはこれだけのカネを使い、この人をあそこへ投入しよう、などと考える。

頭の中ではつねに事業を発展させている。いつも、5つも6つものケースを考えて、このケースのときはこう、いや、こっちならこうだとか、最悪はこのケースだなどと対応策を考える。

ところが実際にはなかなか頭の中で考えたようにはいかない。かくれたファクターがでてきて、思ったとおりにならないものである。

しかし、それでも、6割でよし、とする考えでいれば、不満が爆発することはない。万全の手は打ったんだという満足感も残る。

私は経営者として、私なりにつねに120パーセントの努力をおこなっている。どんなときでもメモをとる、というのもそのひとつである。

人と会っているときは、かならずメモをとる。寝るときもベッドサイドにメモと鉛筆をおいていて、夜中にひらめいたりしたことがあったら、パッと電気をつけてメモをとる。

そのまま眠ってしまうと、せっかくのアイデアもどこかへ消えてしまうから、逃さないようにかならずメモをとる。

人生マラソンに勝つためには、それなりの努力はしているのである。

長い人生マラソンで一瞬のおこたりは取りもどせるが、油断していれば取り返しがつかなくなる。いまの積み重ねが将来、生きてくるのだ。

くり返しいうが、自分の身長や体重がいくらかを知っている人は多いが、自分の能力を知っている人は意外に少ない。

身長や体重を知るように、自分にどれくらいの能力があって、競争社会においてどこまで挑戦できるかも知っておくべきである。

その能力を知って磨けば、能力はアップするものである。

自分の能力を磨けば、軽業師の子どもではないが、ゴムボールの上に乗って走ることだってできるようになる。10年間、ゴムボールの上に乗って走るトレーニングをすれば、その能力はさらにアップする。

それと同じで、はやく自分の能力を見つけ、これを磨いていくことが、人生マラソンの勝者になる唯一の道である。

第6章

金の重さを実感できない奴は貧乏する

マネー・オンリーの世界だからチップが潤滑油になる

「金にモノを言わせる」という言葉がある。英語でいえば「マネー・トークス」という言葉である。

しかし、**この「金にモノを言わせる」＝「マネー・トークス」という言葉は、チップ制度のない日本では、あまりピンとこない。**チップ制度のある国では、この「マネー・トークス」という言葉が生きてくる。

たとえば、アメリカのラスベガスのいいホテルに予約なしでいって、フロントで「部屋があるか」というと、返ってくるのは「ございません」という言葉である。

ところが、そういわれて、5ドル札をカウンターに乗せ、もう一度、「部屋はあるか」というと、「一番いい部屋がございます」という返事が返ってくる。1分前に「ない」といったフロント係が、5ドルで豹変する。これこそ、まさに「マネー・トークス」である。

アメリカでは、チップをもらうことは、犯罪でもなければカッコ悪いことでもないし、いやしいことでもない。

日本では、他人から金をもらうことに、乞食になったような気がしてものすごく抵抗がある。

日本にやってきたアメリカ人と一緒にタクシーに乗って、メーター分だけ料金を払うと、不思議そうな顔をして、なぜ、チップを払わないのか、という。レストランにいって食事をしても、テーブルにチップをおく。

アメリカでは、レストランなどで働く人は月給がないか、あってもきわめて安い。いきおい、いいサービスをして、チップをもらおうとする。日本でもチップ制度にすれば、一生懸命サービスしてチップをもらおうと努力するから、もっとサービスはよくなるはずである。

昔の人は——たとえば、私の父親の時代には、床屋にいっても〝こころづけ〟としてチップをおいたものである。風呂屋にいってチップをおいた時代もあった。

ところが、そういう風習がなくなってから、いいサービスをしてチップをもらおう、という考えがなくなってしまった。逆に、チップをもらうほうが、さげすまれた印象さえもつようになってきた。

日本にチップ制度を導入すれば、サービスはもっとよくなるはずである。

アメリカ人は、レストランで食事をしたからといってむやみに勘定の1割をチップとしておくわけではない。ウエイターの態度が悪かったり、すぐに注文を取りにこなかったり、料理の選び方が悪かったりすると、その分を差し引いてチップをおく。

いいサービスに会ったからチップをだすということが徹底しているから、サービスに対する評価が厳格である。アメリカという国は、金がすべて、マネー・オンリーのところがある。その意味では、資本主義の最たる国である。ところが、そのわりには、あまりギスギスしていない。

それは、チップ制度があるからである。チップ制度はアメリカの潤滑油のようなものなのだ。金の重みを知るために、日本でもチップ制度を考えてみるべきである。

金のありがた味が本当にわかっているか

今日の日本でもっとも悪いもののひとつに、貨幣の単位がある。日本の貨幣の単位は「1円」だが、この「1円」の価値が国民に無視されている。だれも1円を尊敬しようとしない。1円落ちていても、だれも拾わない。10円でも拾おうとしないだろう。

ところが、アメリカでは、1セントでも争って拾う。最小単位のお金を拾うのである。

それほど、いまの1円は値打ちがない。これは、はっきりいって政治が悪い。デノミネーションをやって「1円」という最小単位に価値をもたせようとしない政治が悪いのだ。金の重みは、最小単位の値打ちで決まる。政治が、最小単位の金に値打ちがあるようにしなければならないのである。

私の子どものころには、「一銭を笑うものは一銭に泣く」という言葉があった。最小単位の一銭に、それほどの価値があったのである。

私は、だから、デノミネーションをはやくやるべきだ、と思っている。1000円を1円にするデノミネーションがいい。そうすれば、最小単位の金の重みがわかるようになる。ところが、1円という最小単位に値打ちがないから、金銭感覚がにぶってくるのである。

いまのように水増ししたようなお金の単位では、国民に金のありがた味を知らせることはむずかしい。

金のありがた味がわかっていないということは、金の便利さもわかっていないということである。

金というものは、非常に便利なものである。自分にできないことを、金はやってくれる。それがいやなら自分でやればいいのだが、金がやってくれることがたくさんある。ときには、命をすくってくれることもある。

そういった金の値打ちも、最小単位が国民にバカにされるようでは、理解せよ、というのが無理な注文である。

金の使い方は欲望との戦いである

金の使い方は、欲望との戦いである、ということも知っておくべきである。欲望との戦いに負けるから、けっきょく、サラ金に手をだすようになるのである。

新聞で、サラ金に手をだした人の悲劇を報じる記事は、かならずといっていいほどサラ金を悪く書く。私は、サラ金をけっして擁護するわけではないが、借りたほうが悪い、と思う。そもそもサラ金から金を借りたのは、当の本人なのである。

たとえば、奥さんがいるのに外で浮気をして、その結果、梅毒になった人がいたとしよう。この場合、悪いのは梅毒ではなく、外で浮気をした本人である。外で浮気さえしなければ、梅毒なんかにはならなかったはずである。

それを、外で浮気をしたことを棚に上げて、梅毒が悪い、梅毒をもっていながら、させた女が悪い、と責任を転嫁するのは筋がとおらない。それとまったく同じことなのである。

警官がサラ金から金を借りて返せなくなって強盗すると、サラ金があるから強盗事件が起きたような書き方をする。しかし、そういった書き方はおかしいのである。

サラ金だけが地獄であるようなことをいうが、世の中はそれほど誘惑が多いということなのだ。サラ金があるから身を破滅させた、といういい方は、まちがっている。

サラ金は日本だけに存在するものではない。アメリカにだってある。アメリカのサラ金も、けっこう高い利子をとっている。

ところが、アメリカは契約重視の社会だから、金を借りて返さなければ、返さないほうが悪い、とハッキリいわれる。

日本では、家を借りて入居していた人が、契約切れででていかない場合でも、借地借家法で、借家人のほうが正義だ、というような、弱者優先のいき過ぎた過保護思想がまかりとおっているところがある。その考えが、サラ金＝悪徳業者、というイメージに直結しているのだ。

ところが、アメリカでは借家人が契約期限がきてでていかなければ、警察にいうと警官がきて、借家人の荷物を放りだしてしまう。だから、契約が切れると、借家人はすぐにでていってしまう。

資本主義社会は契約の社会なのである。だから、日本でも、契約社会であることを見直す必要があるのではないか。契約は厳正に守るのだ、という気持ちをもたなければ、けっきょくはだれからも相手にされなくなる。

そういった自覚がでれば、サラ金から借りた金は返さなければならない、という考え方もできるようになるはずである。返すのはかわいそうで、返さないのが平等だ、というような考え方は、おかしい考え方なのだ。契約というものは、本来、非常にシビアなものなのである。

サラ金は危険だ、と見られているが、これから文明が複雑化していくと、まだまだ、もっと危険なものがたくさんでてくることが予想される。サラ金以上の危険な業種がたくさんでてきて、欲望との戦いに負けた人は、それに引っかかってしまう。

文明が発達すると、いい文明も発達するが同時に悪い文明も発達してくる。したがって、悪質な犯罪もふえてくることになる。世の中が進歩すると、いいものだけが進歩をして、悪いものがなくなってしまうような錯覚におちいりがちである。

しかし、実際はそうではない。悪いものも進歩するのである。世の中は、プラスとマイナスが同じだけ存在し、バランスをとっているものなのである。だから、サラ金業者に対して、明治時代や大正時代の、ナニワブシ的な見方をして、悪魔みたいにいうのは、滑稽な見方である。

文明が進んだから、サラ金がでてきたのである。別のいい方をすれば、１９８０年代の日本の社会がサラ金を必要としたのである。1990年代には、サラ金に似たような、もっと危険なものがいっぱいでてくるはずであるし、別の意味で危険な要素をもったものも続出してくることが、十分に考えられる。

私が若かった時代には、ホテトルとかマントルとかは存在しなかった。ところが今日では、こうしたあやしげな商売が全盛である。この間も大阪に出張ででかけ、現地の三流新聞を見たら、前面、ホテトルの広告だった。ホテルに出張して2万5000円、なんて書いてある。私の若い時代は想像もできなかったことであり、誘惑である。

そういった欲望に負けると、サラ金で金を借りて、ホテトルで遊んでしまうなんてことにもなる。マントルやホテトルのような、人間の欲望を刺激するようなものは、これからもつぎからつぎにでてくるはずである。

10人のうち7人が賛成することに金儲けのヤマはない

文明が進歩して、人間の欲望を刺激するようなものが続出してくると、社会の倫理基準だって、かわってくる。それに、人間の層も厚くなってくる。人知も進んでくる。

そういう時代になると、従来のように、人間を性善説と性悪説だけでかたづけることはできなくなる。性善説や性悪説では判断できない複雑な人間がいっぱいあらわれてくるからである。

そうすると、性善説や性悪説にかわるものが求められるようになり、それにかわったものが登場してくることになる。文明の進歩は、近年、目を見張るものがある。私の子どもの時代はテレビなどは存在しなかった。テレビどころか、ラジオすら、ない時代だった。

その当時にくらべると、ずいぶん、いろんなものがふえてきた。そのふえたものを駆使して人間は日々の生活を営んでいるのである。当然、落とし穴だって、昔とは比較にならないほどふえてきた。サラ金もそのひとつにすぎない。

同時に、金儲けのやり方も、ふえてきたはずである。「ベンチャービジネス」という言葉がでてきたが、これなども、新しい金儲けをさす言葉である。

ベンチャービジネスは、私にも関係があるが、10人のうち7人が賛成するようなことをやっていたのではダメである。むしろ、10人のうち7人が反対したから注目するのだ、という考えこそが必要である。そこに、ベンチャービジネス、新しい金儲けのヤマがあるのだ。

いきなり、話はかわるが、男にとって、最大の関心事は、年をとってくると、「いかにして、即立《そくた》つになるか」ということである。

20代、30代は〈即立つ〉だから、やろうと思えばいつでも可能である。ところが、だんだん〈即立つ〉でなくなる。

私の友人も〈即立つ〉が少なくなって「お前、ソクタツか」ときくと「いやあ、宅急便みたいなもので、翌日にならなきゃ立ちませんわ」という者もいるし、「もう、電報ですよ」なんていう者もいる。朝打って夕方届く電報のようなものだというのだ。

われわれの年代になると、とても〈即立つ〉にはならない、という者が圧倒的に多い。友人に30代の若い女性と再婚した社長がいるが、彼の場合は〈即立つ〉でないから今夜はやめとこう、というわけにはいかない。なにしろ、新婚である。カミさんは女盛り、なにもしないでは承知しない。

彼はいろいろと〈即立つ〉の効果のあるものを求めて歩き、ついに、アメリカ製のポルノビデオがいい、という結論に到達した。それで、寝室にポルノビデオをもちこみ、〈即立つ〉でない体にムチ打って、夜ごとハゲんでいるが、早死にしないかと他人ごとながらハラハラしている。

〈即立つ〉というと言葉は悪いが、要するに年とともに健康が最大の関心事になってくるということだ。そこで、同じ食べるものに金を使うなら、健康にいいものを選ぶようになる。また、そうすべきなのである。

だから、寿司屋も、生きのいいトロを売るより、健康寿司で売るべきである。健康になる寿司を健康になるお茶で食べさせれば、これは売れるに決まっているし、店もはやる。寿司にかぎらず、健康ソバでも健康レストランでもいい。健康うどん屋でもいい。

健康〇〇というと、わびしいもの、みみっちいものを連想しがちだが、そうではなくて、デラックスな健康レストランがあってもいい。

ネギ1本にしても、うちの薬味は健康になるネギを使っている。どうせ、ウドンを食うなら、ダシにも健康になるものを使っているから、うちのウドンを食ってくれ……。そういう売り方、金の使わせ方があってもいいと思う。

金の本質は変わらない、ずっしりと重いのだ

先日、アメリカにいったときのことである。たまたま、ユダヤ教の〈ＳＥＤＥＲ《セデル》〉という、祭日にぶつかった。昼間会って話をしていたユダヤ人が、「今日は〈ＳＥＤＥＲ〉の日だから、はやく家に帰らなければならない」という。

きいてみると、〈ＳＥＤＥＲ〉の日には、ユダヤ人は一族が集まり、晩餐会でエジプト脱出の物語を朗読し、民族の団結を固めるのだ、という。その習慣が今日でも欠かすこと

なくつづけられている。

私も友人に招かれてその儀式を見たが、日本のお供え物のように大根とかいもとか卵を供えて、全員で祈りを捧げている。

それを見ながら、私は、日本ではそういった民族の伝統が最近、とみに薄れてきたような気がしてならなかった。2000年の伝統をもっている、といいながら、日本人は本当の伝統的な生活をしなくなってしまった。

鎌倉の鶴岡八幡宮にくりだした初詣での客が、餅を食べずに、わがマクドナルドにハンバーガーを食べにくる。それも1000万円も2000万円も売れて、押すな、押すなの盛況というのは、これまでの日本では考えられないことだった。それを見ていると、日本は急速にかわった、と思わざるをえない。

しかし、正月の初詣でで餅を食わずにハンバーガーを食べても、日本人の本質はかわっていないように思われる。

天ぷらにたとえると、まわりのころもは厚くなったりへったりしているが、中のネタはかわっていないように、日本人の生活もコロモがかわっているだけではないのか。

京都の八坂神社の鳥居は赤く塗ってあるが、もともと神社の鳥居は白木《しらき》造りである。つまり、日本はもともと白木文化なのだ。

しかし、これからは、いろんな色のペンキを塗った鳥居がでてくるかもしれない。鳥居はのこっても、ちがった鳥居になることが考えられる。しかも、本質はかわらない。中身もかわらない。

こうなると、まさに、天ぷらのコロモである。**白木文化というよりは〈天ぷら文化〉というべきである。**

天ぷらを英語では〈ディープ・フライ〉という。深く油の中につっこむところから、そういうようになったのだ。〈天ぷら〉という言葉はポルトガル語だといわれている。ところが、最近では、アメリカ人は〈ディープ・フライ〉といわずに、ちゃんと〈テンプラ〉と呼ぶようになった。

それはともかく、日本の文化は〈天ぷら文化〉で天ぷら的な要素が多いから、かなりの温度にも耐えられるし、開発によって大きくかえられもする。

昭和25、6（1950、51）年ごろ、原色文化が日本にはいってきた。アメリカに占領され、真っ赤とか真っ黄色という原色がハバをきかせた。ところが、その原色は、いつの間にか消滅してしまった。元にもどったのである。日本人は、一時は外国文化にあこがれ、日本文化になかった原色にかぶれてみたものの、元にもどってしまったのである。本質はかわっていないのだ。それと同じことが金についてもいえる。

金は昔は金——ゴールドだった。それが紙幣——つまり、ペーパー・マネーになった。アメリカではいまや、カード——プラスチック・マネーの時代である。ゴールドからペーパーになって、物質としての金の重さはずいぶん軽くなった。プラスチックになってその重量はさらに軽くなった。しかし、金の本質には、いささかのかわりはない。物質的には軽くなったが、金はずっしりと重いのである。

ところが金の使い方を知らない奴は、この金の重みがわからない。金の重みがわからない奴にはとてもじゃないが金儲けはできない。そのことを忘れないでもらいたい。

第7章

ツキまくる私のツキを呼ぶ法

ツキを呼びこむ人間とつき合え

ナポレオンは自分の部下を採用するときに、頭がいいとか顔がいいとかではなく、**ツキのある奴を選んだ、という有名な話がある。**

人によってはそれを、運のいい奴をナポレオンが選んだと解釈するが、やはりツキのある奴を選んだとみるべきである。ツキのある奴とは、ツキを呼びこむ能力をもった人間である。ツキを呼びこむ能力がある、ということは、それなりに努力をしているということでもある。

ツキというのは運とちがって、自分で創造していくものなのだ。マージャンとか賭け事で、よくツイているという言葉を使うが、ツキはそれに至る因果関係がかならず存在する。

私は14年前に日本でマクドナルドをはじめ、ついに年間売り上げ1000億円を達成したと、前にも書いた。日本のレストラン業界では、はじめての記録である。この記録を達成できたのは、ツキもあるが、私がツキを呼びこむ努力をしたからでもある。

たとえば、私は、一度でも迷惑をかけられると、その人物とは二度とつき合わないことにしている。もちろん、道で会っても挨拶もしない。それぐらい、敵と味方を厳正に区別している。

人生は、だれが味方でだれが敵かを見分け、味方を集め、敵とか自分のプラスにならない人とは絶対につき合わない、という生き方をすることが大切である。敵でも味方でもない人とつき合って、枯れ木も山のにぎわいでやっていたのでは、ツキを呼びこむことはできない。ツキも科学的に分析し、自分にプラスになるようにすべきである。

「類は友を呼ぶ」という言葉があるが、ツキのある人間はツキのある人間を呼び、そういった人間が集まってくるものなのである。

仕事をする上で肝心なのは、このツキのある人間、ツキを呼びこめる人間をたくさん集めてやっていくことである。

私がマクドナルドをはじめるときに、アメリカ・マクドナルドの創始者レイ・クロック氏にはじめて会った。初対面のとき、クロック氏は自分の左手を広げてみせた。クロック氏の薬指は第一関節から先がなかった。若いころ、工場で働いていたときにケガをして、切断してしまったというのだ。

クロック氏は私にも手を見せろ、という。いわれたとおりに私が手を見せると、あなたは指が全部そろっている。だから、自分のほうが指のない分だけハンディキャップがある。自分はそのハンディキャップを背負いながら20年間で米国マクドナルドを巨大産業にした。指のそろっている藤田は、もっとはやく日本マクドナルドを大きくできる……。そんな冗談を飛ばしたものである。

そのクロック氏がマクドナルドをはじめたのは、52歳のときである。日本ではあと3年で定年だから、と退職金の計算をはじめるころである。人生でいえば黄昏《たそがれ》を迎えたころである。そういったときに、クロック氏は新しい仕事――マクドナルドに挑戦したのである。それまで、彼は機械のセールスマンだった。それも、糖尿病があり、神経痛にも悩まされ、足も不自由だった。体はお世辞にも完全だといえる状態ではなかった。そういったときにスタートを切ったのである。

それから30年間、クロック氏は奮戦し、ついにアメリカでも十指にはいる金持ちになった。そういった立志伝中の人物である。

そのクロック氏は、日本マクドナルドがやりたいという日本人と、何十人と面接した。しかし、その中のだれひとり、気に入った日本人はいなかった。ところが、私と会って、5分間話したときにクロック氏はいった

「よし、あなたにまかせよう。すべて、あなたの思うようにやってください。ただし、

マクドナルドはアメリカでも成功しているのだから、日本でも成功させてほしい」

そういったのだ。

私は一方的にクロック氏の条件をのんだわけではない。私は私なりに、いろいろな条件をだしていたのだ。5分間でクロック氏はすべてを了解した。そして、ニヤリと笑ってつけ加えた。

「藤田さん、あなたは日本でマクドナルドを成功させる能力をもっている。なぜならば、あなたは私より指が3分の1多いから」

もちろん、それまでクロック氏が会った日本人は、いずれも10本の指をもった人たちであったはずである。それなのに私を5分で選んだのは、彼にツキがあったからである。ハンバーガーに目をつけた私に先見性があるという人が多いが、私はクロック氏こそ先見性があったのだ、と思う。

52歳まで、人生の辛酸をなめ、悪戦苦闘してきた男が、私と会ったとたん、これならいける、と5分間で決断した。そこに、クロック氏にツキがあったといえる。

私はクロック氏が私を日本でのパートナーに選んだからこそ、今日の日本マクドナルドがある、と自負している。その私を選んだクロック氏には、先見性とツキがあった。そして、パートナーに選ばれた私にもツキがあったといえると思う。

そのクロック氏も、昭和59（１９８４）年1月4日、心不全で81歳の生涯を閉じた。52歳からはじめたマクドナルドで30年間がんばって、全米十指にはいる大金持ちになったのだから、その生涯に悔いはなかったはずである。

マイナスをプラスに変える努力を忘れていないか

私は20年ほど前に、あやうく命を落としかけたことがある。

そのとき、私はチェコスロバキアのプラハから、急にストックホルムまで飛ばなければならなくなった。プラハの空港に到着して、出発カウンターに並ぶ。ちょうど私のところで、ストックホルム行きは満席になった。

ところが、私のうしろにいたインド人が、係員にどうしても乗せてくれ、と食いさがった。私のうしろに並んだのであるから、私よりも遅れて空港にきた男である。

すると、係員ははやく到着して、その便に乗る権利のある私を無視して、そのインド人を乗せることにしてしまった。当時、チェコスロバキアとインドは親密な関係にあった。そんなこともあって、日本人よりもインド人を優先して乗せたのである。

私はやむを得ず、2時間遅れて、しかもプロペラ機でストックホルムに向かった。ストックホルムで私を待っていた友人は、「まさかこの飛行機でくるとは思わなかったよ」という。友人がしきりに感心するので、なぜなのか、と私はたずねた。

「だって、あなたが乗る、と連絡してきた飛行機は、プラハ空港を飛び立って間もなく、墜落してしまったのだよ」

という。私は遅れてプラハ空港にきた強引なインド人のおかげで命拾いをしたのである。もしも、これがほかの人だったら、インド人を優先させたというので係員にねじこんで、大トラブルを起こし、そのためにその飛行機に乗って、命を落としていたかもしれない。

ところが、私は、なるようにしかならない、と思って、インド人が強引に割りこんでも我慢をした。そのために危機から脱することができた。我慢も努力である。その結果、ツキを呼びこむのだから、ツキも努力である。私は、悪い状態がこのようにいつもよくなるというツキをもっている。なぜか？

私は、人生というものはなるようにしかならない、と考えている。だから、最悪の状態がきてもジタバタしない。これ以上は悪くならない。そう思って落ちついている。いまが最悪だから、これからよくなる。そう思ってがんばる。

悪いときに、どうしてオレはこうも不幸なのだろう、と天を恨み、地を恨み、人を恨む人がいるが、恨んでみてもしかたがない。むしろ、もうこれ以上は悪くならない、と思って努力すべきなのである。

私は悪いときには、いつも、「夜のつぎは朝だ」と考えることにしている。朝のこない夜なんかない。このつぎは朝がくる。いまは最悪だが、かならず光がさす。これ以上は悪くならない、と自分にいいきかせてがんばってきた。最悪からの脱出法はこれである。

私は楽天主義者である。私が楽天主義でいられるのも、この発想があるからである。

ワンサイドからしか考えないからチャンスが逃げる

人間は明日に対する不安を心のどこかに抱いている。したがって、ともすると、明日はさらに悪くなるのではなかろうか、と考えがちである。悪いほうへ悪いほうへと考えてしまうところがある。そう考えてネガティブになってしまう。そして消極的になって、チャンスがきてもつかみ損ねてしまう。

私は、うまくいったらどうなるか、ということを考える。ところがそういう考え方をする人は、まず、いない。悪くいったらどうするか、ということばかり考えるのではなく、事態がよいほうに動いたらどうなるか、このチャンスをつかんで最高にうまくいったらどこまでいけるのか、そういったことも十分に検討すべきである。

ただ、うまくいったら、ということだけを考えても失敗する。最高にうまくいったらどうなるのか、最高にではないにしても、うまくいったらどうなるか、悪くいったらどうなるか、最悪だったらどうなるか、というように幅広く考えていけば、すべての事業は成功する。

ところが、どういうわけか、楽天家はいいほうにいったときのことだけしか考えないし、悲観主義の人は悪くなったときのことだけしか考えない。それでは、成功はむずかしい。

たとえば、女性とつき合う場合でも、うまくいったらこうしよう、という夢をもってつき合い、現実に悪いほうへいったら、女なんか山ほどいる、と思ってつぎの女をさがせばいい。ところが、ワンサイドからしか考えないから、トラブルを起こし、悲劇を招いてしまうのだ。

人間は仕事がうまくいかないと、なぜ、うまくいかないかを、真剣に論議する。悪い理由を必要以上にあげて反省する。**ところが、うまくいった場合は、なぜうまくいったかを論議しようとしない。**

うまくいった場合にも、なぜ、うまくいったかという原因が、悪い場合と同じくらいある。それをつねに整理して、フィードバックできる体制をつくっておくべきなのに、そうしようとはしない。だから、成功した原因を見逃してしまうし、成功しないのだ。ツキも呼びこめない。

推理力の強いヤツがビジネスに勝つ

仕事は毎日同じではない。新しい仕事がつぎからつぎにでてくるし、仕事は毎日かわっていっている。

だから成功をおさめるには、過去のデータから類推して、どうしていけばいいかを見出さなければならない。つまり推理力が必要になってくる。ビジネスは、だから推理力が強い者ほど勝つ確率が高くなる。

ビジネスにはギャンブル精神ではなく、推理力が必要である。ビジネスは博打ではない。だから、必要なのはバク才ではない。推理力の闘いなのだ。

ビジネスを一発主義と思っている人もいるが考えちがいもはなはだしい。成功への道は、細かい事実を積み重ねて、それをいろいろな経験をとおして推理していくことにある。そのもとになる細かい事実はけっして無視してはならない。

赤信号は赤だし、青は青、黄色は黄色であり、その事実はかわらない。それを組み立てて推理していく。もちろん、現実と推理の間にはギャップがあり、推理したとおりにはいかないものだが、その推理力がなければ、成功はあり得ない。

私も推理を働かせることが多い。日本マクドナルドは全国に約500店舗がある。それらの店を見にいくと、私はかならず女性客を観察する。女性客のもっているハンドバッグと靴を見る。

ハンドバッグと靴がマッチしていれば、その町はかなり裕福である。アンマッチの場合は、たいしたことはないと見当がつく。

100パーセント確実ではないにしても、女性客のハンドバッグと靴で、だいたいのその町の状態は類推できる。そして、それから、うちの店のだいたいの売り上げをつかむことができるのである。

団地でも新しい団地は家賃が高いから可処分所得は少ない。しかし、古い団地は家賃が安いから可処分所得が多い。つまり、家賃の値上げとインフレーションとの差が存在するのである。可処分所得の多い人が住んでいるほうに店をつくったほうが売り上げが多いのは当然である。

24時間すべてがツキにつながると思え

ビジネスの世界のツキは、金が儲かるとツイているように思うが、金だけではない。いい人にでくわすとか、いい企画にでくわすとか、いい原材料にでくわすとか、要するに、金儲けに至る手段、いい方法に突き当たるのが、ツキである。しかも、いい人にでくわしたり、いい材料を発見したりするのはやはり努力である。

ビジネスの世界では、24時間仕事の態勢にあるか、8時間だけ仕事の態勢にあるかで勝負は決する。やはり、24時間仕事の態勢にある男でないと、成功はむずかしい。

会社で8時間働いたら、あと16時間は自由に使えばいいようなものだけど、**その16時間で、情報を集めたり、知識を身につけたりして、自分のツキを呼ぶ基礎的な訓練をしなければならない。**

たとえば、運動というと戸外でするもので家の中ではできないもの、と決めてかかっている人がいる。しかし、家の中でも、せまいところを歩きまわったり、体を屈伸したりしようと思えば運動はできるものである。

それと同じように、ツキを呼ぶ基礎的訓練だって、なにも金を使わなくても、いろいろ方法がある。

見聞を広げることだってそうである。町を歩いて新製品を見てまわるだけでも、見聞を広げることはできる。人生ははじめから終わりまで勉強である。

「常在戦場」という言葉があるが、それと同じで24時間ビジネスの世界はある。

1日24時間、8時間働いて16時間は自分の自由に時間を使う、というのは外国からはいってきた発想であり、けっして悪い考えではない。しかし、私にいわせれば、この考えは、日本にはまだはやすぎる。そういった考えは、あと200年ぐらいして、国がもう少し豊かになってからでもいいと思う。人間はだれも1日は24時間である、ということを自分にいいきかせて毎日を過ごすべきである。1日は30時間でもなければ18時間でもない。24時間で、しかも、万人に平等に与えられている。**その平等に与えられた24時間をいかに有効に使っていくかが勝負である。**

24時間の積み重ねがツキを招き、成功に至るのだから、1分、1秒といえどもおろそかにすべきではない。

基本原則をはずれたところに金儲けのチャンスはない

1日は24時間しかないということや、人間には男と女がいる、ということは、基本原則である。その基本原則はつねに頭にいれておかなければならない。

前にも、「あなたにかわって投資をし、財産をふやしてあげましょう」ともちかけられ、欲に目がくらんだ人が大金をだまし取られるという投資ジャーナル事件が起こった。これなんかも被害者は原則からはずれることをして、だまされている。

株式というのは金を払って株を買うのが原則である。金を預けて運用するのであれば、投資信託というのがあるから、それを活用すればいい。それを被害者は金を預けて株を受け取る、という基本的なことをしないでいる。

原則をはずれたことをしたのだから、お気の毒だけれどだまされてもしかたがないと思う。そもそも、金を払って、株を受け取らないというのは、投資の初歩からしてまちがっているのである。

つまり、運転免許をもたないで自動車に乗るようなもので、事故を起こすのははじめからわかっている。

人間は基本原則を忘れてはいけない。原則をはずれて儲かったとしても、2回、3回はつづかない。

くり返すが、1日は24時間である。

24時間、といっても、それは瞬間の連続である。だから、その瞬間、瞬間に、どう対処するかが、重要になってくる。24時間が瞬間の積み重ねである、ということは、人生それ自体も瞬間の積み重ねだということになる。

つまり、毎分、毎分、判断してジャッジを下していく積み重ねが、大きな人生になっていく。成功する原因は自分がつくっているのである。その成功の見えない原因を人は「運」と呼ぶが、見えないだけで原因は存在しているのである。

人間は生きている。静止している物体ではない。だから、走りながら、動きながらチャンスをつかまえなければならない。

動きながら考えなければならない。じっとすわって考えるのではなく、走りながら考えるべきである。

ということは、物をつくりながら、つくる方法を開発し、改良し改善する方法を発見することでもある。

人間は絶えず進歩しているのであるから、走りながら改造していくほかはない。立ち止まったり、休暇をとってゆっくり考えるヒマはないのである。

政治は一寸先は闇だというが、ビジネスの世界だって一寸先は闇なのである。その闇を手探りして、形をさぐり当てなければならない。インスピレーションやカンではなく手さぐりでわかっていかなければならない。

ビジネスで失敗している人を見ると、かならず飛躍している。手さぐりで、ステップ・バイ・ステップでいっていない。だから、飛んで、引っくり返っている。

2階から飛ぶ、というのはまちがっている。2階からは階段をおりていかなければならない。2階から飛ぶのではなく、階段をおりるのが原則なのである。

第8章

男なら社長の椅子を狙え

こんな社長では社員を掌握できない

サラリーマンなら、自分の会社の社長になるつもりで仕事をしなければ、生き甲斐はないと思う。オレはいつまでも三流のプロサラリーマンでいい、というのではつまらない。やはり、社長になるのだ、全軍を指揮するのだ、というくらいの気迫をもたなければ、おもしろくない。

社長は自然になるものではない。運でもない。社長になるためには、いつも自分に、「オレは社長になるのだ」といってきかせなければならない。そうすれば、やってはいけないことと、やらなければならないことの選択が正確にできるようになる。

社長になるのだ、と自覚して、つねに自分にいいきかせておかないと、社長になるべき者なら絶対に犯してはならないミスを犯してしまって、チャンスがまわってきたときに、その古傷のために足を引っぱられて無念の涙をのむはめになる。

かつて社長は、住友吉左衛門氏の例をあげるまでもなく、家柄が重視され、どんなに優秀であっても、一般人は番頭どまりであった。これからは、そんなことではビジネス戦線で勝ちぬいていくことはできない。

これからの社長に要求されるのは、ズバリ、インターナショナル性である。少なくとも、2か国語ぐらいは外国語をあやつるようでなければ、国際競争社会から取り残されてしまう。ワープロ、コンピューターなどのOA機器を使いこなすことも必要になってくる。

発想も、仏教的な発想だけしていてはダメ。あるときはカソリックの発想をしなければならない場合もあり、あるときはイスラムの発想を要求される場合もあるだろう。世界的な倫理基準に基づいた発想をもってこなければならないのだ。

だからといって、欧米の合理主義一本槍では、社員を掌握することはできないのもたしかである。日本人は情緒国民だから、合理主義よりも情緒主義に重点をおかなければ掌握できない。だから、信賞必罰の合理主義だけではうまくいかない。なにか、わけのわからないもので丸めこんでしまって、ナアナアでおさめてしまうことも必要である。

つまり、情緒主義と合理主義をどの割合でミックスするかが問題なのである。その人間掌握法も社長たるものは心得ていなければならない。社長たるものは、つねに全社員の先頭に立たなければならない人間だ。

旧日本海軍には「首将全軍の先頭にあり」という言葉があった。社長もその精神でいくべきである。後方でのんびりしている社長もいるが、社員の士気にも悪影響を与えかねない。社長は先頭に立ち、社員も引っぱっていかなければならないし、自分自身も引っぱっていかなければならない。

社長が先頭に立てば、下のほうもモタモタしているわけにはいかないから、必死になってついてくる。人間掌握法とはそういうものである。

私はゴルフが下手で、会社安泰ゴルフと称しているが、ゴルフに夢中になって仕事を放りだしている社長は、腕前は上がるかもしれないが、会社は倒産してしまう。ゴルフなどの遊びで先頭に立つことはないのだ。

私は健康のために歩きたい、ということと、おつき合いのためにやっているだけで、社長はゴルフはうまくなくてもいい、と考えている。たかがゴルフ。そう考えてやったほうがおもしろい。

生存競争に勝ち残る土台づくりとは？

社長の資格の第1番目は、なんといっても「健康」である。社長になるには、生存競争に勝ち残らなければならない。そのためには、夜も昼も働かなければならない。つまり、健康であることがもっとも重要になってくる。

健康であるには、平素からの健康管理が大切である。自分の意志で摂生し、自分の体をコントロールしていかなければならない。とにかく人の何倍も働き、丈夫で長もちしようと思えば、健康が人一倍必要である。

2番目に必要なのは友人だ。就職する際に、かならず学歴が問題にされる。なぜ、学歴、学歴と学歴が問題にされるか、というと、学校にいった人には友だちが多いからである。いい大学ほどいい友だちに恵まれる可能性が高い。つまり、学歴というのは、いい友だちをもつということにつながるのである。

しかし、**学歴はなくとも、努力をすれば友人はつくることができる。**学歴でできる友人は、その人がいままで歩んできた、いわば縦の線でできる友だちである。では、それしか友だちをつくる方法がないかというと、横の線でつくる方法がある。いまはやりのカルチャーセンターなどにいって、友だちを見つける方法だっていい。人生の友だちはいっぱいつくれるはずである。

この場合も、カルチャーセンターに通うという最低の努力はしなければならないが……。

「人生はいい弁護士と医者がいればいい」といわれているが、アドバイスをしてくれるいい友だちは、社長になろうとすれば、絶対に必要である。それも、自分とはちがった世界の人がいい。発想が全部ちがうからである。

いい友だちは、いいアドバイザーでもあり、ときには、いい情報源にもなるものである。

それから、社長たるものは、特技をもつべきである。特技は知識といいかえてもいい。音楽のある部分についてたいへんくわしいとか、楽器がうまく演奏できるとか、推理小説についてはたいへんくわしいとか、漢方薬を語らせたら専門家ハダシであるとか、要するに、学校で教わらない特技・知識をもつべきである。

つまり、その人が、自分の人生を通じて勉強してきた特技をもたなければならない。それが人よりぬきんでるバネになり、意外なところで役立つものである。

その分野の話になったら、自分は絶対に勝てる、という特技をもつべきである。

そんなにむずかしいことではない。陶器にしろ、植木にしろ、世界のフルーツにせよ、10年かけて勉強すれば、どんなことでも相当な専門家になれるものなのである。

つまり、学校で習うこと以外で、ある目的をもって普通の人が勉強していない分野を知るべきである。ひとつのことを深く知っておくと、「そのことならアイツにきけ」ということになる。そうすると、それが自信にもつながってくる。**人を煙に巻くことだってできる。**

たとえば、先日、ある新聞記者に会って、数を1から10まで数えてみろ、といった。

「1、2、3……」新聞記者は簡単に答えた。

「ひとつ、ふたつでいってみろ」今度はそういうと、「ひとつ、ふたつ、みっつ……」これも簡単に答える。

「それじゃ、イレブンは?」、「じゅういち、です」、「ひとつ、ふたつのイレブンは?」、「それもじゅういち、です」

「そう思うだろう。ところがちがうんだ。ひとつ、ふたつの数え方でイレブンの数え方はちゃんとある」

実際、イレブンの数え方はある。しかし、現在では、それができるのは、2万人にひとりだ、といわれている。

「教えてくれませんか、イレブンの数え方を」

新聞記者は白旗を揚げた。

「今度会ったときに教えてあげましょう」

私はそういってその新聞記者と別れた。

ひとつ、ふたつと数えるイレブンの数え方を知っているだけで、話題は豊富になるし、初対面の新聞記者を引きつけることもできるのである。社長になるためには、そういった知識の数が多ければ多いほどいい。そういった知識が多くなると、いろんなことについて、あいつは一家言もっている、と一目おかれるようになる。それが大切なのである。

余暇はパチンコでタバコを取ろう、などとは思わずに、そういった特殊な研究、専門の情報の収集に充てるべきである。特殊な情報の数が多いほど、その人の勝ちなのだ。そのためにも趣味は広くもつべきである。

〝趣味と実益を兼ねる〟とよくいうが、これは嘘で、趣味は金にはならない。しかし、趣味を広くもつことも立派な特技になるのである。

ハラを割ってビジネスなんか成立しない

日本人は秘密を守れない国民である。〝ここだけの話〟というのが多いが、けっきょく、秘密が周知の事実になってしまう。外国人は、「これは秘密だよ」といったら本当に秘密なのである。どんなことがあっても、絶対に、第三者には洩らさない。

日本人は単一民族だから、秘密を洩らしても、生きていけるものなのである。ところが、外国人は秘密をしゃべったら殺されることもある。秘密がバレたらメシが食えなくなることもある。商売の秘密でも、本当に秘密にしなければ生きていかれない。競争がそれだけきびしい。

日本の場合は秘密保持が弱い。戦時中、真珠湾攻撃のときに捕虜第1号がでた、ということがすでに噂として広まっていた。ミッドウェイ海戦で負けて空母四隻が沈んだという軍機密も、早々と国民に流れてしまった。それほど秘密が守れない。

それはハラを割って話をする、という国民性からきているのかもしれない。「秘密を打ち明けないとは水くさい」といって非難するところがある。しかし、社長になる人は、秘密は絶対に守る、という習慣をつけておくべきである。

社長というのは、人事面やいろんな問題で秘密を厳守しなければならない仕事が多い。秘密をバラした瞬間に〝万事休す〟になることが多い。妻といえども本当のことはいってはならない。それに妻に相談すると正鵠《せいこく》を欠くことがある。というのも、妻はひとつの側面からしか情報を得られないし、ものを見ないからである。機密保持能力がすぐれていること、というのも社長の資格のひとつである。

社長はどんな場合もすぐに答えをだすべきである。考えてあとで返事をする、などというのは論外である。即断は非常にむずかしいが、私など、毎日、朝から晩まで即断の連続である。社長たるものは、明日返事をするよりは、まちがってもいいから、今日答えるべきである。もしも、まちがっていることに気づいたら、訂正すればいいのである。パーフエクトな人間は存在しない。だから、パーフェクトである必要はないのだ。ただ、リカバリーはできなければならない。まちがいは、すぐに軌道修正をする。まちがったことが訂正できないようではダメである。そしていったん即断したら突進することである。

アメリカの社長にはユーモラスな人が多い。ところが日本では、黙っているほうが偉い、というところがあるから、ユーモラスな社長はついぞ見かけない。

以前、ロンドンに、向こうのマクドナルドを視察にいったことがある。その店が非常にきれいだった。だから、**私は、店がきれいだとほめた。すると、「なぜきれいだか、わかるか」とロンドン・マクドナルドのボスがいう。**

「さあ……」考える私に、彼はいった。

「売れないから、きれいなんだよ。売れないから、機械を使わないしね」

もちろんユーモアだが、こんなとき日本人はなんでも深刻に考えてしまう。

ロサンゼルスにいったときのことである。友人の社長の夫人に、「なぜ、彼と結婚したのですか」と、質問したことがある。夫人が答えるよりもはやく、友人が答えた。

「僕の目に彼女が惚れたのさ。僕の、フラッシング・ブルー・アイにね」

友人は自分の青い目のことを〝輝く青い目〟と表現したのである。「目は口ほどに物をいう」ということをいいたかったのだろう。それほど、ユーモアがある。そしてユーモアには、ゆとりが感じられる。

日本人がつねに真剣なのも悪くはないが、真剣すぎるために、心のゆとりも失ってしまっているように思われる。やはり、外国の社長たちと肩を並べるためにも、ユーモアのセンスぐらいは身につけてほしいものである。

並の人間が社長になれば3か月ももたない

日本は、一民族、一言語、一国家という、バラエティの少ない国民だから、発想にしても、いろいろなものがでてこない。ひとつしかない。

団地なんか、外国人から見たら恐ろしいはずである。間取りも同じ、靴入れの場所も同じ、なにもかも同じ、というのは、個人を大切にする外国人には想像もできないことだろう。

ところが、日本人はそういった団地にはいりたがるし、運よくはいれればホッとする。

だから、まとめやすいという点では、これほどまとめやすい国民はない。日本のほうが、アメリカで社長をやるよりもはるかにやりやすいはずである。

アメリカ合衆国には弁護士が40万人いる。ところが、日本には2万人しかいない。人口はアメリカが2億人で日本が1億人だから、比率は2対1である。その比率でいけば、日本には20万人弁護士がいてもいいという計算になる。

だからといって、日本では弁護士が不足しているか、というと、そうでもない。日本人はあまり裁判をしたがらないからだ。白黒を法廷で争うのは、よほどのときであって、だいたいは話し合いでおさめてしまう。弁護士の需要がアメリカほどはないのだ。

アメリカは多民族の寄り集まりであるから、全員、発想がちがう。だから、弁護士を雇って戦わないと勝てないのである。

文明も高度に発達しているから、権利、義務も複雑化している。専門の法律家の弁護士の助けが日常生活の中でも必要なのだ。

たとえば、アメリカで私が仕事を一緒にすることになったアメリカ人が担保をだすことになった。担保というからには不動産だろう、と思った。そのアメリカ人は英語でモーゲージという家屋敷、事務所のほかに、売掛金（アカウント・レシーバブル）と在庫（インベントリー）も担保にする、という。日本では売掛金や在庫なんかは担保にはならない。在庫などは、その翌日、なくなってしまうからだ。売掛金でも、その翌日、集金するかもしれない。ところが、それがアメリカでは担保になるのである。

資本主義がそれだけ発達しているし、仕組みが複雑になっているのだ。だから、どうしても弁護士の力を借りなければならない。日本はそこまで権利、義務が複雑になっていないし、本質的に争いが好きではないから、まとめやすい。

それでも、**社長になっても、思ったほどおもしろいものではない。**

突然、社長になったりすると、精神的なプレッシャーがかかりすぎて、普通の人ならノイローゼになって、3か月で死んでしまう。いろんな意味で精神的なプレッシャーが社長にはかかってくるものなのである。

だから、社長は相当タフな神経の持ち主でないとつとまらないポストでもある。

その意味では、社長は楽天家であることが望ましい。悲観論者は、楽天家を見習って、人生はなるようにしかならないと腹をくくってかかることである。

これからはオーナー社長の時代だ

社長には、私のように小さな企業から叩き上げてきたオーナー社長と、サラリーマン社長のふたつのタイプがある。

これからは、ベンチャービジネスなどの分野で、どんどんオーナー社長がでてくるべきである。そのためには、法整備をアメリカのようにしなければならない。その面でも、日本はアメリカよりも遅れているといえる。

世の中が進歩してくると、今後は、いろんな分野にオーナー社長がでてくるような気がする。資本主義はどんどん進歩しているし、オーナー社長の時代がくると思う。

新しい企業をおこしてオーナー社長になるもよし、サラリーマンから社長になるもよし、人の城を乗っ取って社長になるのもいいだろう。

サラリーマンから社長になるのは、もっともやさしく、もっとも安全に社長になる方法かもしれない。自分で事業をおこす方法が、いちばんむずかしいだろう。

アメリカで会社の実権を握っているのは、社長ではなく、「チェアマン」と呼ばれる会長である。だから、社長は会長の下で使われている「プレジデント」である。しかし、日本では「会長」は第一線をしりぞいた名誉職であり、会社の実権は社長の手にゆだねられている。

だからこそ、サラリーマンは社長にあこがれ、できるものなら社長になってみたい、と思うのである。大いにけっこう。社長のポストを狙って、がんばってほしい。

自分の会社で社長になれそうもなければ、自分で会社をおこして、社長になればいい。オーナー社長になるのは苦しいが、私は、日本に、近い将来、オーナー社長の時代がくるのではないか、と思っている。

社長になる資格はわかったはずだ。「社長になれる、社長になりたい」と思ったら、努力して、そのポストをぜひとも手にしてほしい。

第9章

ライバルを倒すデン・フジタ流の極意

権謀術数を弄する奴はダメだ

ライバルはいたほうがいい。それも強力なライバルがいい。自分が大きいとか小さいとかいってみても、ライバルがあってこその話である。ライバルがないと、企業でもシェアは小さくなってしまう。適正なライバルがいて、はじめて事業は拡大していくものなのである。ライバルも拡大する。しかし、こちらも拡大する。そうして業界全体が伸びていく。ライバルが倒れたときは、そのシェアを奪って大きく伸びるか、というと、そうではない。かえって、業界全体が沈下してしまう。

たとえば、日本のミシン業界は、ブラザーミシン、蛇の目ミシン、リッカーミシンの3社でシェアを分け合っていた。そこへ、リッカーの倒産で、ブラザーと蛇の目が大きく伸びたかというと、そうではない。むしろ、ミシン業界全体が沈んでしまったといえる。

人間も企業も、ライバルが存在し、おたがいにしのぎをけずっていくことで、伸びていくものなのである。

私の旧制北野中学の先輩にアサヒビールの社長をしていた、故・山本為三郎氏がいる。通称「タメさん」と呼ばれ、同級生や後輩から親しまれていた。この山本為三郎さんが社長をしていたころ、アサヒビールのシェアは31パーセントか32パーセントを占めていた。現在は10パーセント以下である（84年当時）。

タメさんは北野中学校をでると日本の旧制高等学校や大学には進まず、イギリスのケンブリッジ大学に進学した。それだけに、やることもかわっていた。

タメさんはロールスロイスに乗っていたが、いつも、そのロールスロイスにアサヒビールを積んでいた。そして、知人のいるところをとおりかかると、「ビールはアサヒ」といって、積んでいるビールをおいていくのである。私のところにも、３か月に一度ぐらいは顔をだしてビールをおいていく。

こうなると、外でビールを飲むときにも、タメさんがあれだけアサヒビールを飲め、といっているのに、キリンビールを飲んで見つかったらうるさいから、しかたがない、アサヒビールを飲もう、ということになる。

タメさんは社長自らセールスマンみたいなことをやって、シェア拡大の努力をしていたのだ。それも、強力なライバルのキリンビールがあったからである。

ライバルを罵倒したり、権謀術数を弄《ろう》して足を引っぱったりするよりも、

社長自ら陣頭

に立って、第一線でシェア拡大の指揮をとるほうが、大きく伸びるのである。

資本主義は、冷酷非情なようだが、弱肉強食であり、優勝劣敗が原則である。最近は、この弱肉強食、優勝劣敗の考え方がゆるやかになって、弱者救済などといわれるようになった。

しかし、だからといって、資本主義をやめて社会主義になったわけではない。日本はやはり資本主義社会であるから、倒さなければ倒されることに変わりはない。生きるか、死ぬか、のどちらかである。

だから倒されないために、生き残るために、ライバルに対する合法的な権謀術数の行使は、最低限のラインで許されるのである。その権謀術数も、かつてのマキャベリのいう権謀術数ではなく、今日では会社の総力戦を意味すると考えてよい。

たとえば、会社の人事部は、一見、販売の拡大にはたずさわっていないセクションのように思われる。しかし、人事部が有能な社員を採用することは、会社を強化し、販売の拡大にも寄与することになるのである。

競争相手のことを、われわれはライバルといわずに、コンペティターといっているが、社員はどのセクションの社員も、打倒コンペティターに力を結集しなければならない。広告宣伝部だけが広告宣伝で戦うとか、店だけが販売を拡大するというのではなく、いまは総力戦の時代なのである。

破壊活動とか謀略活動とか、せまい意味での権謀術数をやっても長続きはしないのだ。

ライバルつぶしには敵にないものが武器になる

よく「藤田さん、あなたのライバルはだれですか」とたずねられる。

日本人には、私がライバル視できるような人は、ほとんどいない。しかし、アメリカにはいる。私がシビれるような人がいる。ひとつのことが起きると、あらゆる角度から、つぎがどうなって、そのつぎにどうなって、と未来を予測し、対策を練る人だ。

また、進む方向が1メートル横にずれたらどうなるか、うしろへいったらどうなるか、上にいったらどうなるか、下へいったらどうなるか、とあらゆる状況を考えてみる。そういった発想は、日本人には、まず、ない。だから、そういった発想をするアメリカ人に出会うと、すばらしいな、とシビレてしまう。

日本人には、真っすぐに道を歩いていく発想しかない。上下左右の発想はない。大局に立ってものを見ることができない。だから、会社が壁にぶち当たると、たちまちうまくいかなくなるのである。

ライバルの研究の中でも、戦略はもっとも重要である。ライバル、つまり、コンペティターをいかに打破するか、という戦略を決め、戦術を検討しなければならない。その戦略と戦術のかね合いは、非常にむずかしい。

とくに、重要なのは戦略である。というのも、戦略の失敗は戦術でカバーできないからである。たとえば、太平洋戦争だが、日米戦争をはじめたことは、日本の戦略の失敗である。この戦略の失敗は、特攻隊という戦術をもってしても、カバーできないものだった。小手先の戦術では、どうにもならないものなのだ。

ライバルに対しても、どういう戦略を立てるかが基本である。いい戦略を立てれば、いい戦術が浮かぶものだ。だから権謀術数とは、いい戦略を立てることだと考えてよい。

ライバルがあらわれれば戦略を立てて戦わなければならないから、一番いいのは競争相手のいないところで商売をやることである。マクドナルド・ハンバーガーも、競争相手がいないからいい。

外食産業ナンバー1になって、「ライバル対策はどうしていますか」ときかれるが、私は、「ライバルなんかいない、ゴーイング・マイ・ウエイだ」と答えている。もっとも、同業他社は、マクドナルドをライバルだと思っているかもしれないが、私はそうは思っていない。競争相手のいないところで商売をやっているつもりなのだ。

ライバルがいない商売というと、郵便局（現・日本郵便）もそうである。いや、いないと思っていた、といったほうがいいかもしれない。最近では、小荷物は民間業者の宅急便にとられ、会社の給料振込みは銀行にとられ、青色吐息である。刑務所の看守のような制服を着て、仏頂面をして、親方日の丸、人民のためにやっているのだという態度で仕事をしている。これでは自由競争社会から完全に取り残されてしまう。郵便局だってサービス業なのだから、もっと愛想よく、スマイルを忘れずに仕事をすべきである。

最近ではサラリーマンの給料は、ほとんど銀行振込みである。郵便局の貯金への振込みはあまりやらない。銀行が会社に給料振込みをすすめるのは、引きだされても何パーセントかは残高が残るからである。これが大きい。給料振込みの銀行の最大のメリットはそこにある。その給料振込みで郵便局が銀行に勝つ妙手がある。それはなにか。

郵便局が銀行よりも勝っているのは、各戸への配達組織である。なんという町の何丁目何番地にだれが住んでいるかを郵便局は知っている。銀行は知らない。その差を活用するのである。

つまり、給料日の前日に郵便貯金に振り込まれた給料を、翌日、各戸に現金で配達するのである。給料日当日、全額が必要な家庭はほとんどないだろうから、配達する給料は全額でなく80パーセントでも半額でもいい。残りは局まできて引きだしてもらうということにすればいい。そうすれば、銀行に引きだしにいく手間を省けるし、局にプールしてある金を運用することもできる。つまり、双方メリットがある。これをやれば、郵便局は銀行に勝てる。

つまり、配達能力という、ライバルの銀行にはないものをフルに活用すべきなのだ。敵にないものはなにか、自分の強みはなにかをじっくり検討することである。

いまのうちに、生き残るための手を打っておかないと、郵便局はつぎの時代には消滅してしまう。というのも、つぎの時代はテレビジョンが放送だけでなく、通信に使われるようになるからである。

現在おこなわれている放送は、視聴者が受けるだけだが、通信になると受けるだけでなく、送り返すことができるからだ。つまり、電波とテレビ通信で用が足りるから、郵便局は不要になってしまう。ダイレクトメールに使われるだけになってしまう。

しかし、いま、月給の配達を業務として確立しておけば、テレビ通信の時代がきても、郵便局は生き残れるのである。

宅配便が、町内のどこにだれが住んでいるかを、注文取りや配達でよく知っている米屋を拠点にしてはじめたのは、すぐれたアイデアである。しかも、宅配便は、今日だして、明日には着く。スピードの時代に見合ったスピードをもっている。

そのスピードの時代に、時代逆行のことばかり考えている郵便局は、いまに国鉄（現・JR）並みになってしまう。

同じレベルを相手にするな

私はマクドナルド・ハンバーガーにはライバルはいないと書いたが、いわゆるレストランではない、といいつづけている。私は、マクドナルドは高速加工食品販売業である、と思っている。

マクドナルドは、保健所のいう、芸者がはべる料亭、米とウドンを売る食堂およびレストラン、機械がない喫茶店のどれにも該当しない。芸者もいないし、米とウドンも売っていないし、大きい機械をもっているから機械のない喫茶店でもない。だから、外食業でもない、といっている。

しかし、ものを食べさせるところは全部レストランだ、といわれれば、レストランにはいるかもしれない。家で食事をすることを内食といい、外で食べるのを外食というのであれば、外食産業といわれてもしかたがない。

だが、あくまでも、私はアメリカの開発したノウハウと機械を駆使して、自分だけ特殊な商売をして勝っている、と考えている。だから、同じようにハンバーガーを売る会社がつぎつぎにでてきても、ライバルと考えてみたこともない。

ライバルというのであれば、ラーメン屋とか寿司屋とか、そういった日本食を売っているところが、競争相手である。食事をするところは、すべて、競争相手であり、超高級ホテルのレストランもライバルにはいる。

世間の人はきわめてせまい範囲のハンバーガー屋だけを見て、マクドナルドのライバルだと思っているようである。同じレベルのものを競争相手に設定すること自体がおかしいのだ。そんな見方をするから、戦いに敗れてしまうのだ。

〈人の口にいれる物を売っているものは、すべてライバルである〉という見方をすべきなのだ。インスタント・ラーメン、カップめんの類もライバルである。薬だって、口にいれる物だから、ライバルかもしれない。そういった、マクドナルド以外の口にいれる物は全部ライバルだ、と考え、自分だけが独特の方法で勝つ、というのが、私の考えである。

その独特な方法というのは、企業秘密であり、ここで明かすわけにはいかない。

マクドナルドの企業秘密は明かせないから、ほかの会社の独特な方法について話をすすめよう。アメリカ最大の牧畜業者に「カーネーション」という会社がある。

その「カーネーション」に見学にいったときに驚いたのは、一頭の乳牛から1日に74キロの牛乳を搾りとるときかされたときである。

日本では、乳牛から1日に搾るのは30キロである。アメリカでは日本の約2・5倍も搾りとっていることになる。もちろん、人手ではなく、機械を使って搾りとる。妊娠も、すべて人工授精である。乳牛も出産しないと乳を出さないから、妊娠させ、出産させる。出産した母牛からとった牛乳は人間が消費して、子牛は人工栄養で育てる。メリケン粉にビタミンをまぜたものを液状にして飲まされて育つ。

人工授精といい、人工栄養による子牛の飼育といい、1日74キロの牛乳といい、そこでやっていることは自然の摂理に対する挑戦とも思われる残酷な牛乳の生産である。しかも、それをやらなければ、ライバルに勝てない、というのである。たくさん牛乳をだすメス牛を産ませるオスの種牛の精液は、冷凍して何年も保存しているのだという。

彼らにいわせると、日本の畜産業者は、1日に30キロしか牛乳をださないようなダメな乳牛に餌をやっているから、生産性が上がらないのだ、という。アメリカでは、同じ餌をやっても、74キロの牛乳をだせる研究をしているのである。

アメリカの畜産業者にとって、日本の畜産業者は、とてもライバルなどとはいえないおそまつな存在でしかない。彼らは独特な方法で勝っているのである。

自分自身と戦うレースに終わりはない

ハンバーガーを売っているのだからハンバーガーのことだけを考える、というのではおもしろくない。ハンバーガーを売りながら、たとえばミュージカルを手がける。こうなると、ハンバーガーではライバルだと思っていた人間がいたとしても、ミュージカルではとてもライバルたり得ない。つまり、ライバルはゼロである。

いや、ひとりだけいる。私自身である。私があげた将来の展望をひとつずつ実現していくには、つねに自分自身を叱咤激励していかなければならない。

私も生身の人間である。生理的な欲求もあれば、欲望もある。神であれば無欲になれるかもしれないが、そうはいかない。したがって、いかに、そういった欲求、欲望を制御していくかが問題である。これはきわめてむずかしい問題でもある。克己精神が必要となってくる。そのためにも、自分自身をライバルとして自分を磨いていくほかはない。

自分自身をライバルとした戦いは、死ぬまでつづくだろう。こんな強力なライバルはいない。しかし、やりがいのある戦いである。

第10章

空腹時の人間心理で勝敗が決まる

焼酎は安いからブームになった

日本マクドナルドは昭和59（1984）年、売り上げ1000億円を突破したことは何度も述べてきた。1000億円を突破したのは12月8日、奇しくも、日本が真珠湾に奇襲攻撃をかけ、太平洋戦争がはじまった日である。

その12月8日、午後3時に、売り上げ1000億円突破の金字塔を打ちたてたのである。同時に、それは15億個目のハンバーガーが売れた記念の瞬間でもある。その記念すべき15億個目のハンバーガーを買ったお客様には、1年分、365個のハンバーガーの券を差し上げた。

ところで、ハンバーガーとは関係ないが、世は焼酎ブームである。銀座の一流クラブからゴルフ場の食堂に至るまで、あらゆるところに焼酎をおいている。若者の集まる店は焼酎をベースにした飲み物を売り物にしてたいへんなにぎわいである。

なぜ、いま、焼酎ブームなのか。蒸留酒だから体にいいとか、日本の伝統的な飲み物を見直すのだとか、ウイスキーからディスカバー・ジャパンにかえったのだとか、いろんな理由があげられている。しかし、最大の理由は、焼酎が安いということにつきる。品物がいいだけではブームになるほど売れない。よくて、しかも、安くなければ売れないのだ。

マクドナルドに代表されるファースト・フードが、なぜ、食べ物の世界でビジネス的に圧勝しているかというと、一番の理由は、「安い」からである。安くても、まずい物はダメである。同時に、うまくても高い物には手がでない。安くてうまいから、ファースト・フードは売れるのである。その意味では、焼酎ブームとファースト・フードの圧勝には「安い」という共通点があり、そこが消費者に受けているのである。

スピードと科学がない商売は生き残れない

ファースト・フードとその他のレストランがもっともちがっている点は、ファースト・フードは単品メニュー、あるいは限定メニューである、というところである。マクドナルドにもメニューは15品目しかない。

ところが、一般のレストランは、小さなソバ屋でも、もり、かけから、カレーライス、ラーメンとメニューは盛りだくさんで、なかには、1日にひとつかふたつしかでないものまでであって、その数は何十という多さである。

これだけの数のメニューから、メシどきに混み合った客がそれぞれ勝手なものを注文すれば、当然、調理場は戦争さわぎになって、客も待たされることになる。

ところが、限定メニューで15品目しかないと、客を待たせることがない。注文を受けたものをすばやくだすことができる。客は注文してから、10分も20分も待たされて、イライラするようなことはない。マクドナルドでは、注文を受けてから32秒以上お客さんを待たせないシステムをとっている。というのは、人間を科学的に分析して、イライラせずに待てる限界が32秒である、ということがわかっているからである。

しかも、32秒以内に人間がもっとも食べておいしいと感じられる温度で注文の品がでてくる。飲み物も、人間がもっともおいしいと思う温度で渡される。

そういったことを、徹底的に研究し、ノウハウとしてもっているからこそ、ファースト・フードは伸びてきたし、21世紀にも伸びつづけることが約束されているのである。

日本は第二次世界大戦で負けた理由を、やれ、レーダーがなかったから、とか、大砲がなかったから、とか、アメリカの物量に負けた、とかいっているが、けっきょくは科学の差で負けた、ということができる。ポイントになったのは科学の差で、明治以後、科学が先進国に追いつかなかった。だから、負けたのである。

レストラン業界も、ポイントは、サイエンス、つまり科学である。科学的に分析し、科学で裏打ちしたものを数字であらわしていかなければならない。日本人の食事は、そういった意味では非科学的である。

たとえば、あたたかいごはんに生卵をかけて、ミソ汁で食べる朝食はうまい、という人に、それでは、そのあたたかいごはんは何度の温度で、それに何度の温度の生卵をかけ、何度の温度で濃度がいくらのミソ汁がおいしいのか、とたずねると、ひとりとして答えられない。そういった研究は、まったくなされていないのである。

コカ・コーラを例にとると、糖度は一定していて何度、と決まっているのである。それを何度に冷やしたときがもっともうまく感じるかも、わかっていて、マクドナルドではその温度でお客さんに提供している。そのように、食品には何度の糖度で何度の温度のときがうまいかが、それぞれあるものなのである。

ところが日本人の食事は、ミソ汁ひとつとっても、濃度も温度も数字で表現されたことは一度もない。さらに、奇々怪々なことには、ＪＩＳ規格、ＪＡＳ規格がうるさい今日、ミソにはＪＡＳ規格がないのである。自動車や電車はネジのひとつに至るまでＪＩＳ規格があるし、食品にはＪＡＳ規格がある。ハンバーガーなども日本農林規格、つまり、ＪＡＳ規格でパテは何グラムが標準というふうに決められている。

ところが、日本人にとってもっとも必要な食品のミソにはこの規格がない。というのも、ミソは製造元が、どこも、自分のところでつくっている物こそミソである、と主張するものだから、JASも規格の決めようがないのである。へたにJAS規格で、これがミソだ、と材料や添加物、製法を決めてしまうと、それ以外の物はミソと表示できなくなるからである。

日本人にとって必需品のミソにJAS規格がない、ということは、日本のレストラン産業、食品産業の科学性のなさを象徴しているといえる。つまり、ミソに規格がないから、何度の温度でいくらの濃度で食べたらいい、ということをきちんと数字にすることができない。ミソ汁の具には、なにがベストかも決まらない。

ミソ汁ひとつをとってもそんなありさまだから、日本料理は板前が個人個人、勝手につくっているだけであって、規格もなにもない。科学的なノウハウは皆無で、職人芸でやっているようなものである。

いまはフグのシーズンでフグがうまい。ところが、なぜ、脂もなにもないカサカサのフグがうまいのか、という研究はまったくなされていない。同じように、味は魚の王様といわれる鯛《たい》にしても、鯛のどこがうまいのか、刺身は何ミリの厚さに切って、何度の温度で、何をつけて食べればうまいのか、という研究は皆無である。ただ、みんながフグがうまい、鯛がうまいといっているから食べているだけである。

こんなことでは、日本料理を1億2000万人の日本人すべてにおいしく食べさせることは不可能である。ファースト・フードには勝てっこない。洋風ファースト・フードは、だれが、いつ、どこでつくってもできるものを、というので、化学実験と同じようなことをおこなって、ノウハウをつくりだした。そこに強みがある。

これから日本で食品商売やレストランをはじめたい人は、もっと科学的に、客観的に研究をおこない、だれがどこでつくっても同じおいしい味につくれるものを生みだすべきである。そうでないかぎり、大企業にはなり得ない。

味プラスいい環境がレストラン経営の総合戦略だ

味さえよければレストランは生き残れる、と思ったら大まちがいである。いまやレストランは総合産業であって、味だけではダメなのだ。その店のもつ雰囲気も大切である。

マクドナルドでは「ファン・プレイス・ツー・ゴー」といっているが、ハンバーガーをただ食べにいく場所ではなく、そこにいけば楽しめるという場所であるべきなのだ。つまり、食事をエンジョイできる場所でなければならない。味プラス環境なのである。そういったものが日本のレストランには欠けている弱みがある。

味プラス環境といった考え方はレストラン経営の総合戦略である。これからは、その総合戦略をもたなければ、ビジネスに勝つことはできない。

ところでハンバーガーはファースト・フードだが、このファースト・フードという言葉はおかしな言葉である。ファースト・フードは、もともとファースト・サービス・インダストリーといわれていた。

ファースト・フードでは、直訳すれば「はやい食事」になってしまう。そうではなく、ファースト・サービス、つまり「サービスが非常にはやい」という意味なのである。

現代人はきわめて多忙である。生活の多様化、複雑化が現代人を多忙にしてしまった、といえる。だから、のんびりと時間をかけて昼食をとる時間などはない。そんな現代人が簡単に食事をとれるように、というので、マクドナルドはハンバーガーを売っている。だから私は、社の内外に対して「マクドナルドはハンバーガーを売っているのではない。時間を売っているのだ」といっている。

レストランはものを食べさせるだけ、という発想では、これからは通用しない。時間を売る、といった、別の観点からの発想が必要である。

この時間を売る、という発想は、さまざまな事業に応用できる。すべてのビジネスはこれからは時間を売らなければならない。どんな事業をおこなっている人も、もっとはやくお客さんにサービスすることはできないか、と考えていけば、大きく前進できるのだ。

「ミソとショウ油」にこだわっていてはヒット商品は生み出せない

日本人の食事の調味料は、基本的にはミソとショウ油である。だから、トマトケチャップとマスタードで味つけしたハンバーガーなど売れるはずはない、といわれたものである。ところが、それが売り上げ1000億円を突破し、15億個も売れた。日本人がミソとショウ油の国民だ、という先入観にこだわりすぎてはいけないことを、この数字は物語っている。

日本人は世界の人種の中では、雑食人種にはいる。たとえば、欧米人の多くはタコやイカなどの血の気のないものはいっさい口にしないが、日本人はどっちも食べる。それほどの雑食人種の日本人が、ミソとショウ油しか受けいれない、と考えるほうがまちがっているのである。もう一度、日本人を裸にしてみて、レストランの経営も、ミソやショウ油とはなれて考える必要がある。日本人はミソとショウ油という先入観にこだわらなかったマクドナルドの成功を大いに学んでほしいと思う。

かつて、日本人の働く時間は、だいたい、午前9時から午後5時まで、と相場が決まっていた。ところが、昨今では、午前10時に起きだしてくる人もいれば、午後6時ごろになって起きてくる人もいる。それだけ、世の中が複雑になり、多様化してきたといえる。

そのために、食事の習慣も、従来の朝昼晩の3食制度が崩壊してしまった。朝昼晩と時間どおりに食事をするのではなく、食べたいときに食べる食事にかわってしまった。レストランも、朝昼晩の食事どきだけの商売ではなく、1日中、店を開いている商売になってきた。だから、従来の食事時間というものにこだわっていては、生き残ることはむずかしい。**従来の、ある時間にしか食事をしない、という発想は捨ててしまわなければならない。**

同じように、従来の発想で日本人を見ると、日本人はなにかというとお茶を飲む国民であった。ところが、忙しくなってくると、お湯を沸かしてお茶をいれている暇がなくなった。麦茶さえ、沸かすのがめんどうで、ティーバッグが人気を呼んでいる。だから、これからの日本人は、お茶のかわりに、水を飲むようになることが考えられる。

ところが、かつてはなんの抵抗もなく飲めた水道の水も、マンションの屋上にそなえつけを義務づけられている貯水槽には青苔《あおごけ》などが発生して、生水は不気味になった。カルキの臭いもいやがられる。それに、日本人も贅沢になってきたから、どうせ飲むのなら、金を払ってもいいから天然の涌き水を飲みたいと思うようになるはずだ。

欧米諸国では、エビアンという水のビン詰めを売っているが、そういったものは日本にはなかった。その水が、焼酎ブームのつぎにブームになるのではないか、と私はにらんでいる。

富士山の雪どけ水とか、どこそこの湧き水というものが人気を呼ぶような気がする。そういった水を、「この水を飲めば健康になる」といったようなキャッチフレーズをつけて売りだせば、たいへんなヒット商品になると思う。

低カロリーにこだわる40過ぎの金持ちを狙え

天然水はまったくのローカロリーで商売にはならないように思われるが、**これからはカロリー少なめ、つまりレスカロリーの時代なのである。レストランは大別すると、モアカロリー派とレスカロリー派になる。**どんどん食べたい、栄養をつけたいという若い人たち向けのレストランがモアカロリー派である。

40歳を過ぎて、カロリーを減らしてやせたい、栄養の摂りすぎを防ぎたい、と考えている人たちに、美味で低カロリーの食事をだすのがレスカロリー派である。

これからレストランをやろうとする人は、モアカロリー派でいくか、レスカロリー派にするかを、まず、決めたほうがいい。どっちかに決めれば、なにを客に提供するか、という商品もおのずから決まってくる。

レストランにかぎらず、ほかの世界でも、モアカロリー派とレスカロリー派に分けることができる。洋服や下着にも、Ｌサイズのモアカロリー派と、やせている人のサイズとがあるし、薬だって、モアカロリー派の人に投与するものとレスカロリー派の人に投与するものではちがってくる。どっちでいくか、その方向づけが決まれば商売は半分勝ったようなものである。半分成功している、といってもいい。モアカロリー派、レスカロリー派、どちらにするか、といわれたら、私はレスカロリー派をとる。というのもレスカロリー派でいったほうが商売がやりやすいからだ。なぜか？

レスカロリー派の対象は40歳を過ぎた金持ちであることが多い。こういった人たちは、なによりも命が惜しい、精力増強などという広告につられて、効きもしない回春剤に大金をだしてワラにもすがろうとする。

そういった人たちは、レスカロリーのために惜しげもなく金をだす。だから、レスカロリー派でいったほうが商売がしやすいし、儲かるのである。

お金が欲しいと思わなければ金儲けはできない

いま、アメリカはカード社会である。現金は小銭程度しかもち歩かず、必要な買い物、支払いはすべてカードですませてしまう。そのアメリカですら、マクドナルドは現金なのである。日本でもカードをやらないか、という話はあるが、1000円以下の商売だから、いまのところ、その必要を感じていない。100円玉の商売だから、カードを導入すれば業務がかえって繁雑になりかねない。

私は、現金はファースト・フードのためにある、といっている。日本中の100円以下の現金は、全部、うちのために存在する、と思っている。カードを導入していないから、売り上げはすべてキャッシュである。売り上げ1000億円といえば、1000億円は全部キャッシュではいってきたお金である。

どんな商売でも、2、3年やっていれば、不渡り手形をつかまされることがあるものである。一般の食堂でも、食い逃げの被害や無銭飲食にやられることはめずらしくない。

しかし、マクドナルドに関しては、そういった事故はない。すべて現金と引きかえだから、そんな事故が起こりうるはずがないのだ。売り上げ1000億円で、それも、100円玉、500円玉の商売での1000億円は、かなり大きい仕事である。しかもキャッシュではいってくるから確実に儲かる。事故もない。ファースト・フードは商売とすれば、まさしく〝筋がいい〟といえる。

儲かる商売をやろうとすれば、女と口を狙え、というのが私の持論であるが、女と口を狙うのは、商売の原則である。一番儲かるのが、女と口を狙う商売だからである。

人生に意義を感じたい、とか、むずかしいことに挑戦をしたいという人は、どうぞ、そっちへ行ってください。私は労多くして益少ないことに意義を感じないので、そっちの世界へはいかないだけである。また、世の中には非常にむずかしいことに挑戦して快感を味わっている人も少なくない。極寒の山登りに挑戦して、凍傷で手足がくさって切断するような目にあっても、山を征服したことに喜びを感じている人もいる。それはその人の勝手だから、お好きなことをおやりください、と申し上げるだけである。

しかし、金がほしい、儲かる商売がしたい、金を回転させることにスリルを感じる、おもしろい、という人は、私のように、それなりの戦術をもって、ビジネスの世界を渡っていくべきである。

金は生きていくに足りるだけあればいい。金は妻子を食わせていくだけあればいい。それ以上はいらないから、趣味の世界で生き、絵を描き、歌を歌って生きていく、という人には、私はなにも話そうとは思わない。そういう人たちをムリに金儲けの世界に引っぱるつもりもないし、ムリをして、こっちの住人になっていただきたいとは思わない。

しかし、私には、金にスリルを感じない人がいる、ということが、どうもよくわからないのである。ビジネスに生きようとする人は、どうか、金にスリルを感じてほしいと思う。

第11章

金儲けの天才から「秘密」を盗め

これからの商売に土地や設備は不要だ

産業というと、広大な土地が必要だ、というのが従来の常識だった。自動車産業、航空機産業、〇×産業……。みんな広大な場所を必要とした。

しかし、これからは場所はいらない。ゼロに近いものでいい。せまい土地で金になる産業がたくさんある。ＩＣとか、ＬＳＩとかがそうだ。頭脳産業と呼ばれるものがそうである。広大な敷地ではなく、頭が生みだすものをクリエイトしていくようなものを考えていくべきである。広大な敷地や設備がいるようなものは、発展途上国に生産を依頼すればこと足りる。発展途上国には土地があまって開発したくてしかたがないところが多いからだ。

土地を必要としない産業の最たるものはＬＳＩやＩＣである。ハードウエアは自動車や航空機に比べるときわめてわずかだが、それでも少しは土地や設備が必要になる。ところがソフトウエアでは、それこそ四畳半もあればいい。ほとんど土地も設備も不必要である。ソフトウエアが土地も設備もいらないという、もっともいい例がファッションの世界である。フランスの婦人服のデザインは人間が頭の中で生みだしたものであって、大きな部屋も設備もいらない。それで何十年も世界のファッション界を制圧しているのである。

これからの日本も、そういった頭脳産業が産業の主流となるべきである。コンピューターのゲームソフトを考えて、年間に数千万から数億円の売り上げをあげている若者たちも、すでに出現している。土地や設備でかせぐ時代ではなく、これからは頭脳産業が儲かる時代なのである。

午後3時閉店の銀行では世界に取り残される

資本主義が高度化してくると、金だけがひとり歩きする。当然、金だけの商売がつぎに出現してくる。

そんな時代にはいろうとしているのに、日本の銀行は午前9時から午後3時まで、6時間しか営業しないという。こんなバカな話はない。だいたい午前9時から午後3時までというのは、明治の初期に決められた営業時間である。その営業時間をいまだに引きついでいる、というのは時代遅れもいいところである。

日本が夜の時間帯にはいったときに、欧米では朝であり、昼である。為替の相場は動いている。だから、日本の時間が午後11時という時間に、午前9時になったシカゴでドルが必要になるといった問題が起きている。

そういった国際ビジネスマンの顧客のニーズに応えるには、銀行は24時間営業しなければならない。24時間やっているのはセックス産業だけという考えは時代遅れだ。**資本主義が高度化すれば、銀行が率先して24時間営業をする時代がくる。きてもらわなければならない。**1日6時間しか営業しないといった殿様商売では外国と太刀打ちできなくなる。

だいぶ前のことだが、第一銀行と勧業銀行が合併して第一勧業銀行（現・みずほ銀行）になった。そうしたら双方の銀行支店が、銀座通り支店と銀座支店になった。つまり、至近距離に支店がふたつあることになった。これはもうムダ以外のなにものでもない。

こうした場合、ひとつをフォールセール・バンクにし、もうひとつをリーテイル・バンクにすれば問題は簡単に解決する。

アメリカでは、法人相手に大きな資金を動かすフォールセール・バンクと小さな預金を相手にするリーテイル・バンクにはっきりと分かれている。しかも、フォールセール・バンクは通りに面したところでビジネスをする必要はないから、ビルの上のほうで支店をかまえている。高層ビルの何十階というフロアにある銀行は多い。

ところが日本では、銀行はどういうわけか、繁華街の目抜き通りに面した1階に店舗をかまえたがる。**一等地はほとんど銀行がおさえている。これは街にとってははなはだ迷惑至極なことである。**午後3時には店のシャッターをおろし、夜遅くまでやっている商店街の中で銀行だけが暗く、店を開いていない。まるで商店街の活気の足を引っぱるように、銀行のあるところだけがお通夜のようにひっそりとしている。一等地に立っている銀行は、1階を商店に貸して、2階から上にあがればいいのである。そうすれば、商店街で銀行のあるところだけがお通夜のようだというようなこともなくなる。

銀行がネコもシャクシも繁華街の一等地を占めたがるのは、日本ではアメリカのようにフォールセール・バンクとリーテイル・バンクがはっきりと区分されていないからである。**日本の銀行は、銀行の百貨店なのだ。いや、百貨店のつもりなのだ。**50万円前にいる私のほうを向いて50億円の資金の話をしたかと思うと、うしろを向いて50万円ぽっちのクルマのローンの話をしている。フォールセールもリーテイルも一緒くたなのだ。**銀行業界、あるいは銀行の内部でも、フォールセールとリーテイルの交通整理がなされていない。**それは、日本の銀行の後進性をそのまま物語っている。だいたい日本の銀行は大蔵省（現・財務省）に保護されすぎている。日本の銀行が倒産しそうになると大蔵省はかならず助ける。だから、日本の銀行には、どうころんでも倒産はないのだ、という気持ちがある。そのために、危機感もなければ新しい発想でなにかをやろうという迫力もない。

アメリカでは銀行の倒産は日常茶飯事である。預金者も、預金額10万ドルまでは保険で保証されているが、それ以上の預金は銀行が倒産したら返ってこないのである。そうなると、預けているほうも、預かっているほうも、真剣勝負である。

日本の銀行は、どこもかしこも、預金の利息は一律である。各行それぞれの業績に見合って、利息をつけているのではない。

銀行は真剣勝負で利益を争い、業績に応じてその銀行独特の利息をつけるべきである。そうやってこそ、おたがいにライバルになりうるし、独自のサービスを開発し、銀行全体のレベルアップにつながっていくものなのである。大蔵省の保護を受け、一律の利息に甘んじ、競争らしい競争もせずに、1日6時間の殿様商売に満足していたら、資本主義の発展の中で、日本の銀行だけが取り残されてしまうことになりかねない。

資本主義はけっして後退はしない。発展していくのだ。だから、物を動かす流通とか、広い土地が必要な産業ではなく、少人数で頭を使った効率のいいビジネスで勝負することを考えていかなければならない。

5人のダメ男より優秀な女性ひとりを使え

これからのビジネスは、なんでも小さくすることを、まず考えるべきである。なんでも小さくして、物を動かさない。つまり、流通なしのものをさがすべきである。

物は動かさずに、金とアイデアだけを動かす。これが、最高に儲かるビジネスになる。なにもかもミニマイズして、金と頭だけを動かせば、非常にかぎられた人数で、巨億の金が儲かるのである。

物を動かすというのはたいへんなことである。労多くして利益が少ない。おむつ屋さんを例にもちだして申しわけないが、あれなど、かさばるばかりでたいへんな商売だな、と思う。大量の物を動かす商売は、これからはスマートな人のやることではなくなる。

これからのビジネスの主流は流通のないものである。流通はコンピューターで処理してしまい、金と頭だけを動かすビジネス、それをさがすべきである。

そういったこれからのビジネスには女を使うべきだ。女性は大酒を飲んだり男を買ったりはしない。男のように浪費をしない。だから、優秀な女性を集め、女性の頭脳を活用していくべきである。無能で勤労意欲のない男を5人集めるよりも、優秀な女性ひとりを使ったほうがはるかにいい。

ビジネスには、ときには女性のもつ冷酷さも、活用できるものなのである。パートでも女性のほうが圧倒的に多い。パートタイマーとしても、女性を活用していくべきである。

いまや、どの会社にも定年制はある。しかし、社員の中には優秀で、役員の器ではないが、会社に残って働いてほしいと思う人材がいる。こういった人まで、定年だからといって、会社を辞めさせる必要はない。そういった人材には、死ぬまで働いてもらいたいものである。**ところが、会社には不要社員もいるのである。**なんとか辞めてくれないかな、と思う人間もいる。しかし、会社としては、ただそれだけの理由でそういった社員を辞めさせることはできない。だから、定年になったら、お引き取りを願う。**定年制というのは、このように、いい社員と不要社員をふるい分けるには、実に便利な制度である。**辞めさせる人間と残す人間を取捨選択できるようになっているところがいい。

会社にとって不要社員というのは、仕事はしなくてもレポートだけは立派だというような社員である。こういう人はわが社では55歳になったら、ただちに辞めてもらう。サボって仕事をしない男とか出張経費などのいい加減な奴も不要社員である。

たとえば、わが社では、タクシー代は１５００円までは領収書がいらないことになっている。そうすると、決まって１４３０円とか１３５０円とかのタクシー代を清算して請求してくる社員がいる。実際は乗っていないのに、乗ったことにして請求する手合いである。

プロのサラリーマンなら、仕事で認めさせ、昇給を狙うべきであって、利用してもいないタクシー代を領収書がいらないからといって請求するようなコソクな真似はすべきではない。頭の使い方をまちがえているとしかいいようがない。

原価を10分の1にする考え方

私は社員に頭を働かせ、と号令をかけているだけではない。自分でも働かせている。

木の板は高いがプラスチックの板は安い、というのは常識である。マクドナルドではプラスチックのメーカーにハンバーガーをいれる発泡スチロール製のパッケージをつくらせている。

これもビジネスの常識として、当然、月に何千万個もつくらせているのだから、まけろ、という話になる。そういった商談のさいに、私はそのメーカーに、新しい商売を教えるから、そのかわりパッケージを安くしろ、ともちかけた。

メーカーは話に乗ってきた。そこで私が教えたのは、発泡スチロールで卒塔婆《そとば》をつくれ、というアイデアである。人が亡くなると、1週間おきに7本の卒塔婆を墓に立てる。その卒塔婆の全国の生産量の8割をつくっているのが東京・奥多摩の日の出町である。

ところが、最近はしだいに木が少なくなって、この卒塔婆も高くなってきた。しかし、卒塔婆は死者があるかぎり必需品である。

私は、木のかわりに、その卒塔婆を石油製品でつくれ、とアイデアをだしたのだ。メーカーではさっそく試作品をつくった。ところが、墨が乗らない、という。卒塔婆には亡くなった人の戒名が書けなければ意味がない。そこでメーカーはインクを開発し、ようやく、戒名が書ける卒塔婆をつくりだすことに成功した。

木製の卒塔婆は、1本1000円とか2000円する。けっこう高い。しかも、それは原価であって、これに戒名を書けば、3000円なり4000円なりで売れる。定価は決まっていないから、曖昧にならざるをえないが、安いものではない。ところが**プラスチック製だと、原価は100円程度である。**この値段なら、十分に木の卒塔婆に対抗できる。これから、しだいにプラスチック製の卒塔婆が使われるようになるはずである。

このように、現在使われているものでも、木などの天然の原料を使っているものを、石油製品にしていけば、安くなる。天然の原料はしだいに少なくなっていくが、石油製品なら原料は無尽蔵である。

他人の知恵をタダで使えば泥棒と同じだ

ところが、日本では、こうしたアイデアに対して、お金を払うという考えがないから困ったものである。タダ取りをして平然としている。

他人のアイデアを使うときは、きちんと使用料を払ってから使うべきである。

ある海外旅行の雑誌がアンケートを求めてきたことがある。そのアンケートに、あまりにも愚問が並んでいたから、私は正義感にかられて、あれこれ意見を書いて返送した。こちらは忙しいから、そういったアンケートに答えたことすらも忘れていた。

ところが、先日、友人が電話をかけてきて、「君は海外旅行の本のアドバイザーをやっているのか」という。

なぜ、そんなことをきくのか、とたずねると、その本のセールスマンがきて、マクドナルドの藤田さんは、こういうアドバイスをしてくれた、とさんざん、私の名前を使っていた、というのだ。

私は、しまった、と思った。アンケートをとって、それをタダで使うというのはきたないやり方である。使うときには、ひとこと「使用料をいくら払いますから、宣伝やセールスに使わせてください」と挨拶するのがビジネスの道義であると思う。

このことについては、アンケートを無断でセールスに使った雑誌社に、厳重に抗議するつもりである。

日本人は他人の知恵はタダだと考えているがとんでもないことである。他人の知恵を無断借用したり、盗んだりすれば、泥棒と同じである。

金と頭だけ使ってビジネスをする時代に、他人の頭が生みだしたものを無断で使えば、きびしいお灸をすえられるのは当然である。

ある新聞記者に「ひとつ、ふたつ、みっつ、と数えて、11まで数えてみろ」といったら、「ここのつ、とお、じゅういち……」と数えたので「イレブンはその数え方では、じゅういち、とは数えない」といった、という話を前述した。

「じゅういち」と数えるのは「いち、に、さん」と数えたときのイレブンの数え方である。

新聞記者には、ここのつ、とお、のつぎの、11の数え方を教えなかったが、読者のみなさんのためネタ明かしをしておく。

ひとつ、ふたつ……と数えて、ここのつ、とお、のつぎの11は「ひとつ余りとお」と数える。12は「ふたつ余りとお」、13は「みっつ余りとお」である。

第12章

報酬をケチる会社は社員に嚙み殺される

スピード時代の社員教育法

人間が人の話をきいて、辛抱できる限界は、20分間である。話が20分をこえると、苦痛でしかなくなる。

わがマクドナルドでは、社員教育にビデオを利用しているが、そのビデオは1本20分以内で、それ以上のものはない。私は、社長として、全店に向けてビデオで年頭の挨拶をおこなったが、それも5分間の短いものだった。

社員教育のビデオは、20分のもので、ここが一番教えたいというポイントをふたつだけいれてある。前半の10分間でひとつ、後半の10分間でひとつのふたつだけである。6つ教えたいことがあったら、20分のビデオを3本つくる。

それがマクドナルドのやり方なのである。マクドナルドの社員教育は、即戦力化することを目的としている。そのために20分間にエッセンスをつめこんだビデオを活用しているのである。

会社にとってなにが心強いか、というと、新人社員が即戦力化してくれることである。昨日はいってきた社員が、今日はベテラン社員にひけを取らない戦力になってくれたら、これほどありがたいことはない。

従来の日本の資本主義の最大の欠点は、一人前の社員を養成するのに、3年も4年もかかった、という点である。これではダメなのである。いまはスピード時代である。3年も4年もかけて社員を教育していたのでは間に合わない。

世の中の変化、多様化は昔とはくらべものにならないほどはやくなっている。のんびりと時間をかけて社員教育をしていたのでは、世の中の変化に追いつかないのである。だからこそ社員は即戦力化しなければならないのである。

マクドナルド流でやれば、20分ものビデオを3本、社員に見せればいい。そうすれば、3年ぐらい、一生懸命時間をかけて回り道していた社員教育が、わずか60分でできるのである。その方法で、かなりのレベルまで即戦力化ができる。

私は社員の即戦力化はビデオでやるのが一番いいと考えている。とくに、マクドナルドのように、日本もパリもロンドンもニューヨークもロサンゼルスも、ハンバーガーを売るために画一的な社員教育をしなければならないところでは、ビデオが最高である。

わが日本マクドナルドでは、店舗数20ぐらいのときからビデオを導入し、現在では50

0店舗をこす全店で活用している。

ビデオのメリットは、何回でも同じ話がきけるということである。いつきいても、声の調子がかわったり、しゃべる内容がかわったり、というようなことがない。同じ教育をする。外から講師を呼んでくれば、そのつど、時間いくらの謝礼を払わなければならない。ビデオだったら、1本つくっておけば、何回見ても無料である。マクドナルドでは、この社員教育のビデオを、毎日、20分間だけ、全店で社員に見せている。

日本一の月給がほしくないか？

「社員にやる気を起こさせるものはなにか？」

そうたずねると、いろいろ立派な答えが返ってくる。

「社員に使命感を与えることである」「社員に、社会に貢献をしているという誇りをもたせることである」といった答えが多い。建て前はたしかにそうである。

それでは、社員はなんのために働いているか、ということを本音の部分で考えてみると、金がいるから働いているのである。社会的な使命感に燃えて、無料で働いているのではない。

とすると、当然安月給で働くよりも、少しでも高い給料をもらいたい、と思うのが人情である。だから、会社のほうも「わが社は高給を払います」ということをスローガンに掲げるべきである。

私は、マクドナルドは、日本最高の月給を払うことを会社の目的とする、ということを、社是の第一番目に掲げている。

売り上げが1000億円をこえた、とか、社員が何万人いる、ということよりも、もっと社員にやる気を起こさせるのは、日本最高の月給を払うということである。**日本最高の月給を払う、というのがわが社の方針なのだ。**

この会社以外には、これだけの給料をくれるところはない、ということになれば、この会社でがんばろう、という気になる。

月給をロクに払おうとせず、あるいは安い月給で社員を酷使しようとしたり、節約をモットーに月給までけずるというようなことでは、社員はやる気など起こすはずはない。

現実に払っていなくてもかまわない。日本最高の月給をはらうように努力する、ということをいつも社員にいうことである。

いまは日本最高の月給を払っていなくても、会社が伸びれば日本最高の月給を払う、と約束すれば、社員は、かならずやる気を起こすものなのである。

良心的な製品をつくったり、社会的貢献度を吹聴したりすることも、社員に使命感をもたせることで必要かもしれないが、使命感だけで仕事をやってくれるのは、ボランティアぐらいのものだ。

私は、明治以降の日本の資本主義社会で、高い月給を払いすぎてつぶれた、という会社にお目にかかったことはない。会社がつぶれる最大の原因は、社長が無能力だからである。

社員に高い月給を払ってつぶれた会社がないということは、社員にはたくさんの月給を払っていいということである。

ガラス張り経営をおこなっている会社があるが、私は、ガラス張り経営、大賛成である。会社はガラス張りにして、儲けの何パーセントは社員に還元する、ということをはっきりさせ、社員を大いに優遇すべきである。

社員にやる気を起こさせるためには、日本最高の月給を払うと同時に、きめこまかなアフターケアも必要である。いろいろな人間として生きていくためのきめのこまかなテイクケアが必要なのだ。それがなければ、社員はやる気を起こさないものなのだ。

パートナーだから強力なスクラムが組める

サラリーマンが外で仕事に打ちこめるのは、よきパートナーである奥さんに負うところが大きい。だから、ボーナスは奥さんに支給すべきだ、というのが私の考えである。そこで、年に3回支給するボーナスのうち、3月に支給する分は奥さんに差し上げることにしている。社員だけにやる気を起こさせるのではなく、奥さんにもやる気を起こさせる。そのための〈奥様ボーナス〉でもある。

社員の奥さんがやる気を起こせば、夫を喜んで会社に送りだしてくれる。奥さんに「あんな会社なんかいかなくてもいい」とか「もっといい会社をさがしたらどうなの」などといわれるようでは、その会社は儲からない。

「あんないい会社を辞めてどうするの。今日もしっかり働いていらっしゃい」というくらいの奥さんの応援がないと、会社は発展していかない。

社員の奥さんにすれば、夫にマクドナルドを辞められたのでは、自分にボーナスがはいらなくなるから、社員にハッパをかけて会社に送りだしてくれる。**単に社員にやる気を起こさせるだけではなく、社員の奥さんにもやる気を起こさせる必要があるのだ。**

日本の会社では、人間関係は上下の関係で結ばれている。社長と社員、あるいは、部長と課長、課長と係長、係長とヒラ、というように、会社で存在するのは上下の関係だけである。外国人のいうような、パートナーシップという考えは、日本の会社にはない。

外国人は、逆に、上下の関係ではなく、パートナーシップで仕事をする。一緒に仕事をしているのは上司だとか、部下だ、という考え方はせずに、仕事のパートナー、つまり、相棒だ、と考える。上下の関係ではなく、水平の関係なのだ。

私は社員をパートナーだと考えている。というのは、上下ではスクラムが組めないからだ。水平にならないと、スクラムは組めない。水平のパートナーの関係になったほうが、手をつないで仕事がやりやすい。だから、社員をよきパートナーにするためにも、私は社員には日本最高の月給を払わなければならない、と考えているのだ。

ただし、日本最高の働きをしてもらうことはいうまでもない。

私の会社は、2000人の社員と3万5000人のパートタイマーで成り立っている。2000人の社員が3万5000人のパートタイマーを指揮して、会社を運営しているのである。

この陣容で、今年は年間1300億円の売り上げを目指している。

パートタイマーで最大効果をあげる逆転の発想

これまでの企業は、フルタイマーが社員であって、パートタイマーは社員ではない、という考え方がまかりとおっていた。しかし、その考え方は誤りである。

これからの会社は、フルタイマーを基幹にして、パートタイマーを枝にして、事業を進

めていくべきなのである。パートタイマーはなんらかの事情があって、1日に3時間しか働けない、あるいは5時間しか働けない、という人が多い。

これからは、そうしたフルタイマーにはなれないがパートタイマーならなれる、という人材を大いに活用していかなければならない。このパートタイマーをフルタイマーと組み合わせて、最大の効果を狙うべきなのである。

マクドナルドをはじめるに当たって、私が一番心配したのも、この問題である。5パーセントの社員と95パーセントのパートタイマーでうまくいくだろうか、と危惧したものである。

これに対して、アメリカにノウハウがあった。そのノウハウを日本にもってきたら、思わぬ効果があったので、驚いている。

今後、資本主義の中で企業が利益を上げ、事業を拡大していくには、フルタイマーとパートタイマーを組み合わせるのが一番である。もっとも、何十年、何百年とつづいている会社は小回りがきかないから、おいそれとパートタイマーを戦力にはできないところがある。

その点、マクドナルドのように新しい会社は、そういったことが簡単にできるから、強いのである。

要は多様化する社会に対応できる経営法がとれるかどうかが肝心なのだ。

金の卵をさがすより、いかに訓練するかだ

金の卵をさがせ、ということが、よくいわれる。しかし、私にいわせるなら、人間の中に金の卵がある、という発想が、そもそもまちがっている。

人間というものは、極端なバカでないかぎり、もって生まれた能力は、ほぼ同じ、大差はない。金の卵などありはしない。多少、頭の悪い人でも、人生というマラソンでは体力でカバーすることができる。頭がよくても、風邪などで、しばしば会社を休むようでは困る。

頭と体力をかけ合わせてみると、頭が4で体が2という人がいる。この人の総合点は4×2で8である。逆に、体力は4だけど頭は2という人もいる。この人の場合も総合点は8になる。だから、このふたりの場合には、金と鉛ほどの差はない。ほぼ、同じだといえる。

ただ、ほんのひと握りの天才はいるかもしれないが、だからといって、ほんのひと握りの天才をさがして、企業は成り立っているのではない。企業というのは大勢の人間が協力

して成り立っている。

だから、金の卵をさがすのではなく、総合点8の人間をいかに教育して、戦力にするかが大切なのである。

金の卵をさがすよりは、そのほうが重要なことなのである。

人間は、先天的な遺伝的要素と後天的な訓練によって成り立っている、というのが心理学の定説である。もって生まれたものに大差がないとすれば、あとは訓練しだいである。訓練には限度がない。

バルチック艦隊を相手に戦った日本海海戦で、訓練至上主義の東郷元帥は勝利をおさめた。この東郷元帥の訓練至上主義は企業でも大いに活用すべきだ、と思う。

つまり、訓練して、ある程度のレベルにまでもっていき、チームを組んで仕事をするのである。そのほうが、ありもしない金の卵を血まなこでさがすより、よほど理にかなっている。

ありもしない金の卵をさがし求めてみても、結果は失望するだけである。金の卵は、永久に見つからないかもしれない。だから、金の卵をさがす、ということは、およそ、非現実的な話なのである。

ビジネスというのは、きわめて現実的である。理想主義ではビジネスには勝てない。つねに、現実主義をとるべきなのである。

社員全部が東大卒という会社はない。同様に、社員全部が早稲田卒、慶応卒という会社もない。社員は玉石混交で、会社は成り立っている。それも、石といっても、それほどひどい石ではない。

日本は義務教育が高度に発展した国である。しかも、国民の大半が高校へ進み、また、その中の大部分が大学に進学しているような国である。ひとりひとりの国民に、教育はいきわたっているから、社員の玉石の差はそんなにない。僅差である。

だから、あとは、会社側の教育しだいである。会社側がはいってきた社員を、自分たちの目的に合わせるために、どう教育するか、である。

戦時中の軍隊も、最初から兵士を集めたわけではなかった。全国から銃器をあつかったこともなかった若者を集めて、それを二等兵にして、訓練し、正規の軍隊の兵士に仕上げたのだ。

もともと素人軍隊である。その素人軍隊が、アメリカ軍をふるえ上がらせる活躍をしたのである。

戦後、一時期、私は進駐軍関係の仕事をしていたことがあるが、そのときに、ある大尉がしみじみといったものだ。「日本にアメリカと同じ数の武器があったなら、この戦争でアメリカは負けていた」と。

その大尉が、ガダルカナルで日本軍と戦ったとき、彼は飛行機で、川を偵察した。その作戦では、その川をさかのぼっていくことになっていたので、事前に日本兵の有無を偵察したのである。日中の偵察では、日本兵らしいものは、まるで発見できなかった。ところが翌朝、川をさかのぼっていくと、川の曲がり角から、突然、日本軍が射撃をしかけてきた。どうにか反撃して、日本軍を殲滅《せんめつ》したが、**あとで日本兵の死体を調べたら、どの死体も、全身ヒルだらけだったというのだ。**つまり、日本兵は前夜から川にはいって、ヒルに血を吸われながらも、息をひそめ、アメリカ軍がやってくるのを待ちかまえていたのである。

大尉は、「アメリカ兵なら、ヒルが吸いついてくるようなところには絶対に入らない」という。だから、そういった勇敢な国民には、兵器の物量が同じであったら、絶対に勝てるわけはない、というのだ。

その勇敢な日本軍の兵士は、金の卵でもなんでもない、かり集められた素人の集団である。それを日本の軍隊が教育をして、そこまで勇敢な兵士に仕上げたのである。

私は言葉の単純な国は伸びないと考えている。日本人は非常に複雑な言葉をしゃべる国民である。最近の若い女性は、テメエとかオマエとかいうらしいが、それでも、日本語には、女性には女性らしい言葉があり、男性には男性の言葉がある。そして、それをたくみに使い分けている。しかも、他国の言語にはない敬語がある。

そういった複雑な言葉をしゃべることで平素から頭のコンピューターの訓練をしている民族であるから、本来、バカな人はいないと思う。本来、優秀な民族だから訓練しだいですぐれた戦力になりうるのである。

エリート意識が人間をダメにする

うちの会社はなんのために社員を雇っているか、といえば、ハンバーガーを製造し、ハンバーガーを売るためである。だから、お客さんを啓蒙するとか、お客さんを教育するとか、お客さんの前でダンスをしてみせるとかいう社員教育は必要ない。

ハンバーガーを製造し、販売するための教育だけをすればいい。

そこで、わが社は、ハンバーガー大学をつくって、これを最終学歴とする、と決めていると、前にも述べた。よその、国公私立の大学で教育していただいた社員に、ハンバーガー大学でうちなりの教育をして、マクドナルド人間になってもらって、これを最終学歴とすることにしているのだ。

わが社に関していえば、だから、学歴だけのエリートというのは存在しない。東大卒、という学力は、官界やよその会社では、一代かぎりの貴族鑑札みたいになっている。エリート中のエリートというあつかいを受けている。

しかし、**私は、マクドナルドにおいては東大卒ではなく、ハンバーガー大学をでた人がエリートだと考えている。**つまり、はじめからエリート社員というものはない。そういった区別はない、というのが私の考え方なのだ。要は本人の努力しだいだ、と考えている。

はじめから、あなたは東大卒だから、エリートなので局長までなれる、という考え方はおかしいと思う。はじめに特急券をもたせるという考えはとらない。わずか4年程度の大学教育だけで、その人の残りの人生の大半を決めてしまうというのは、まことに無礼な考え方である。

入社して、30年なり35年間働く。その間に、その人がエリートかどうか、判断すべきなのである。入社したときには、いっせいに、同じスタートラインからスタートすべきである。チャンスは平等なのだ。

会社にとってもその社員にとっても、一番大切なことは、いつも会社に入社したときの気持ちをもって、フレッシュマンのつもりで仕事をすることである。

オレは課長だ、とか、オレは部長だ、と思った瞬間にその人間は終わりなのである。

いつまでも会社の一兵卒のつもりで働く。昨日はいってきた新社員のつもりで働く。それが大切なのだ。そういう気持ちの社員はまちがいなく、出世する。

どんな会社にも、人のいやがる仕事というのがある。その人のいやがる仕事を喜んでやることも大切なことである。**人の一番いやがる仕事を一番喜んでやる社員が一番出世する社員なのだ。**

英語で、「トラブル・シューター」という言葉がある。トラブルをさがして解決していく人のことである。つまり、人が他人に押しつけたがっている、一番いやな、一番やっかいな仕事を、いつも引き受けてやってのける人のことである。

私は、この会社で一番やっかいな仕事、一番いやな仕事は全部オレのところへもってこい、という姿勢で働く社員を、もっとも高く評価する。

人生というのは、満塁ホームランを打つことではなく、こまかいことをコツコツと積み重ねることである。努力しないで、出世する方法などありはしない。出世したいと思ったら、寝てもさめても、たえずその目的に向かって努力することである。毎日毎日、寄せてはかえす波のごとく、執拗に努力してほしいと思う。

第13章

儲けるのはやさしいが、損をするのは難しい

ひとつの店舗を2倍にする法

すでにお気づきのことと思うが、マクドナルドでは、昭和60（1985）年の2月1日から、午前11時まで看板商品のハンバーガーを売らなくなった。

かわりに、朝食メニューというのを売っている。ホットケーキやスクランブルエッグ・マフィン、ハッシュドポテトなどを朝食メニューとして売りだしたのだ。

午前11時まではハンバーガーを売らないことにしたものだから、牛肉の供給が追いつかないほど不足してきたのか、と心配するお客さんもいる。牛肉が不足しているのではない。牛肉を使ったメニューは11時以降に食べてもらう。それ以前はチキンや卵を食べてもらう。これが、マクドナルドの新しい商法なのである。

これまで、「マクドナルド」といえば「ハンバーガーの店」というイメージが強かった。

私はあえて、そのイメージを捨てたのだ。

つまり、「マクドナルドはハンバーガーの店」というイメージを捨てることで、同じ場所で、ふたつ商売をすることにしたのだ。

ひとつはハンバーガー屋だが、もうひとつ、朝メシ屋をやろうというのである。午前11時からは従来のハンバーガーの店をやるが、それ以前の時間帯は、朝メシ商売をしようというのだ。時間帯によって、同じ場所（同じ店）で、同じ社員を使って、別の物を売ることにしたのである。

従来、ハンバーガーを食べにきたお客さんは、1日に1回店にくると、2回はきてくれなかった。朝、ハンバーガーを食べた人は、昼はハンバーガーを食べにきてはくれない。ところが、朝食にホットケーキを食べた人は、昼食に、またハンバーガーを食べにきてくれる可能性がある。そう考えて朝食メニューを売りだした。

同じ場所で、ふたつの商売をやれば、同じ場所でひとつの商売をやるよりも、売り上げがふえることは、商売の素人が考えてもわかることである。この考えは的中した。

結果は従来の午前11時までのセールスの50パーセントアップである。ハンバーガーだけで、年間1000億円をこす売り上げを誇ってきたマクドナルドが、午前11時までとはいえ、その看板商品のハンバーガーを引っこめたのだ。しかも、それで、売り上げを50パーセントアップさせた。金儲けとは、そうやるものなのだ。

将来は、夕方からもハンバーガーを引っこめて、ディナーをやるかもしれない。そうなると、同じ場所で、同じスタッフを使って、三つ商売をすることになる。

朝食メニューは、その前提としてはじめたもの、と思ってもらってもいい。

ケチな奴には金は儲からない

大金持ちには浪費家はいない。逆にいえば、浪費しないからこそ、金持ちになったのである。


マクドナルドでは、メモ用紙などは広告の裏の白い部分を使っている。こういったことは、わが社だけではなく、どこの会社でもやっているはずである。

最近では、コンピューターのおかげで、メモ用紙には不便をしなくなった。コンピューターのデータで使わない物はたくさんある。それが、メモ用紙に活用できるからである。紙とか鉛筆とかいった物でも、バカにはならないから浪費をしてはならない。

必要な金は、惜しまずに使うべきだが、ムダな物にまで、金を使う必要はない。いかに金があまっていたとしても、ムダな支出はすべきではない。

こう書くと、ケチのすすめを説いているようだが、私はケチな人間には金儲けはできないと思っている。

なぜなら、そんな人間は、義理も欠くし、金の使い方も知らない。ましてや投資する度胸もない。ただひたすら金をかき集め、囲いこむだけで終わってしまうからだ。金はふやさなければ意味がない。金儲けがしたかったら、ケチではなく、超合理主義に徹してほしい。超合理的な金銭感覚をもって、有効な対象に投資し、積極的に進撃すべきなのだ。

4次元の世界は、3次元の世界に時間を加えたものだ、といわれている。

だから、4次元の思考で金儲けを考えるときに、時間はきわめて重要な意味をもってくる。金儲けは時間をかけなければならないのだ。

ボタンを押すだけで金は儲かるわけでもないし、ボタンを押しただけで成功するものでもない。宝クジを買って金持ちになる方法などという、インスタントに儲かる法は、存在しないのである。

金だって、積んでいかなければ、たまるはずはない。たとえば、金をためる場合も、マル優と特別マル優と郵便貯金の各300万円の枠を使うしか、利用法を知らないようではダメである。

財形貯蓄は500万円の枠がある。そのほかにも、一時払いの養老保険は500万円まででなら事実上非課税になる。抵当証券も250万円までは結果として非課税になる。金投資口座も譲渡所得で実質的には約850万円まで非課税になる。そういった特典がある。

それらを拾いだして、金をこまかく分けて蓄積していくことが、金をためる秘訣である。

毎日、そういった蓄積を時間をかけてつづけていくということは、相当にめんどうなことである。

どこかで、蓄積をサボったり、使いたくなったりするものである。その怠慢さを許したり、誘惑に負ければ、そこで蓄積は終わり、金をためるという目的を達成することはできなくなる。

強い意志と克己精神の持ち主でなければ、なかなか蓄積をつづけるのは困難なのである。

時間をかけてダムに貯えた水を落下させれば大きな電力が得られるように、20年、30年と時間をかけて、最初に掲げた目的に近づくことが肝要である。

時間をかけずに性急に金儲けをしようとするからできないのだ。時間をかければ、ある程度の金をためることはだれにでもできることなのである。

日本の税制では金持ちは育たない

ただ、日本では、現在の税制がつづくかぎり、大金持ちになれるチャンスは非常に少ない。累進課税があまりにもひどすぎるからだ。

10億円ぐらい儲けても、88パーセントは税金でもっていかれる仕組みになっている。

アメリカのレーガン大統領は、所得税率を15パーセント、25パーセント、35パーセントの3段階だけにすることを考えている。最高で35パーセント、それ以上はとらない、というのである。

最高で35パーセントしか所得税はとらないから、国民の皆さんは安心して大いに働いてください、というのであれば、国民は起業家精神を発揮して働く。ところが、働いて儲けたら、70パーセントも80パーセントも税金を徴収します、というのでは、働こうという気にならない。儲けたら、その分をごっそり税金にとられるのではむなしすぎる。

せめて、レーガンが考えているように、所得税率の最高は35パーセント程度におさえてくれないと、どんなに儲けてみたところで、金持ちにはなれない。

人間には、金を儲けて人生を楽しみたい、という基本的な欲望がある。その基本的な欲望をおさえこんでしまうような、現行の税制はまちがっている。

現行の所得税法は、私にいわせるなら、社会主義国向けのそれであり、共産主義国にふさわしいものである。少なくとも、資本主義国日本の現状には合っていない。

日本はアメリカと同じ資本主義国である、ということを忘れている人が多過ぎるように思われる。

企業は悪だとか、金持ちは悪人である、といった誤った教育をする先生もいる。そういった宣伝活動をおこなう人がいる。そういった教育や活動を見ていると、日本は社会主義国家か、と錯覚しそうになる。

しかし、現実には、日本はけっして社会主義国家ではない。資本主義国家である。資本主義の国であれば、資本主義の国家らしく、国民に起業家精神を起こさせるようなうまみを与え、起業をもっと優先させ、金持ちができやすい税制を採用すべきなのだ。

大企業は大企業として存在すればいい。というのは、大企業はそれだけ世の中に貢献するからである。

だから、大きな企業を起こし、責任をもってその仕事を推進している人には、税制上の優遇措置を講じるくらいの配慮は必要である。そうしなければ、国民全体が役人みたいに働かなくなってしまう。資本主義国家にとっては、それがこわい。はやく手を打たなければ、日本も英国病に悩む、イギリスのようになってしまう。

よく、医者や弁護士の脱税が新聞に報道される。脱税はたしかに悪いことだが、所得の88パーセントを税金にもっていかれては、知恵を働かせようとしないほうが不思議である。88パーセントを税金にもっていかれることに耐えている日本の国民は実に気の毒である。

35パーセントは国、65パーセントは国民というふうにすれば、脱税しようとする気を起こすものはいなくなるはずだ。

戦後、アメリカは、日本を財閥が力をもっていたかつての日本にしないために、金持ちのできない、異常なまでの高率累進課税を強制した。それをいまだに改めようとしないのは、日本の政治家の怠慢である。

政治家自身は高率の累進課税の対象にならないように、政治資金は税金の対象としない救済措置を講じているのだから、税金をふんだくられる国民の痛みなどわかるはずはない。

そろそろ国民が政治家に、アメリカ並みに最高で35パーセントにしてくれ、と要求をつきつける時期がきていると思う。

反対されても挑戦する、だから金儲けは面白い

しかし、累進課税がひどいからといって、あきらめてしまったのでは、金は儲からない。合法的に、なんとか税金のかからない金儲けを考えていかなければならないのだ。

そのひとつとして、私は、会社である提案をおこなっている。もっとも、某部長などは、「そんなことをいったら、社員に笑われますよ」というのだが……。

提案というのは、こうだ。わが社にも、家を買いたい、と思っている社員が多い。とこ

ろが、東京や大阪に住んでいる社員は、土地が高くて、おいそれと家は買えない。

しかし、地方にいけば、まだまだ坪当たり20万円とか30万円で買える宅地がある。かりに坪30万円とすると、１００坪買っても３０００万円である。これに１０００万円プラスすれば、４０００万円で家が建つ。

だから、東京や大阪在住の社員に、地方に安く家を建てさせる。その家をマクドナルドが会社の社宅として借り上げる。マクドナルドは全国に店舗を展開しているから、社宅はいくらあってもいい。どうせ会社はだれかに家賃を払うのだから、社員の持ち家を社宅として借り上げて、社員に家賃を払ったほうがいい。

たとえば、東京に住んでいる社員が銀行から金を借りて大分県に家を建てる。それをマクドナルドが大分に転勤した社員の社宅として借り上げる。20年たって会社を辞めたとき、大分に移り住むのがイヤなら、その家を売って新しく住みたいところに建てればいい。

土地に投資したほうが、銀行よりも有効であることは、歴史が証明しているから、この方法で、退職後の家を確保できる。

東京に住んでいて、銀行から借金をして大分に家を建てた社員が、28歳だとしよう。その社員が50歳になったときには、その家と土地は値打ち物になっている。だから、50歳になったときにその家を売れば、東京の郊外に老後を送れるぐらいの庭つきの家を買うことができる。

ところが、現在、社宅にはいって、金を使いたいだけ使って気楽に暮らしている人は、50歳になって、家がほしいと思っても、そのときは土地の値段は現在よりもはるかに高くなってしまって、とても手がでないはずである。したがって、永久に家は買えなくなる。

長い目で見たら、地方に建てた家が20年後には、大きな価値をもつようになるのだ。地方に家を建ててみても、しかたがない、などといっているようでは、一生、家をもつことはできない。だからといって、ただ、やみくもに地方に安い土地を見つけ、家を建てても、借りてくれる人を見つけるのがたいへんである。

しかし、社員が地方に建てた家には、わが社が確実に転勤させた社員を住ませて家賃も払うのだから、そんな心配もない。管理も万全である。

それをやろう、というのが、私の提案なのである。

ところが、その部長はムリだ、という。いまの社員で、ポケットから5万円だして会社から家賃5万円をもらって、10万円で家を建てようという社員はいない、という。私にすれば、社員にいい思いをさせようと思うがゆえの提案だが、だれも賛成してくれない。反対しかしない。


みんなが反対すると、私は、だからやる必要がある、と考える。

これだけみんなが反対するということは、やれば成功する可能性が強いからだ。みんながグッドアイデアだ、というものは意外に金にならないものなのである。わが社のように、全国に店舗をもつ会社は、社員のために、率先してやるべきだ、と思う。

銀行で借りた瞬間から金は増える

銀行は、金を預けるところだ、と思っている人は多い。**しかし、成功するために必要なのは、銀行は金を借りるところだ、という発想である。**

資本主義は、緩急の差はあれ、インフレーションの上に成り立っているから、金は預金した瞬間から値打ちはなくなる、と考えるべきである。逆に、借りた瞬間から金はふえていく、と考えなければならない。銀行にせっせと預金をして、利息として5分とか5分5厘をもらっても、そこから35パーセントの源泉徴収で税金をとられると、利息はせいぜい3パーセントぐらいにしかならない。

銀行は人の金を集めて商売をしているのだから、そんなにベラボウには儲からない。そこに預金してみても、たかがしれている。資本主義のインフレーションの前には、実質的に金は目減りするだけである。金は銀行預金の利息以上の効果をもたらすように、生かして使わなければならない。銀行の上をいく、金の活用を考える必要がある。社員に銀行から借金をさせ、地方に家を建てさせ、それを社宅として借り上げてやることで、銀行預金よりもはるかに有利な土地に投資させよう、というのも、実は、頭のいい借金のしかたなのである。

要は、いかに頭のいい借金をし、儲かる方向でいくかが肝心なのである。

昨今、ワンルームマンションが社会問題になりかねない勢いで伸びている。周辺の住人から、蛇蝎のごとく嫌われながら、ワンルームマンションへの投資熱が高いのは、投資に対していろんな経費が税金から控除され、長い目で見たら有効な投資だということがわかってきたからである。

そうやって、投資として有効な物がなんであるかを研究し、ためた金をコツコツとふやしていく努力が、大切なのである。

いまはわずかでも、種をまいて時間をかけて資本主義のインフレーションの波に乗る。そして何年かのちに大金持ちになることを考えるべきなのだ。

第14章

いま成功している奴は5年でつぶれる

景気が悪い時に儲けるのがプロだ

儲からないことを、景気の悪いせいにする人は多い。景気が悪いから儲からないのだ、と弁解して、いいのがれをしようとする。

私にいわせれば、景気が悪いのは、なにもその人だけではない。世の中、すべて景気が悪いのである。つまり、与えられた条件なのだ。その与えられた条件の中で、どうやって儲かるようにしていくかが大切であって、景気が悪いことを儲からない理由にするのは責任のがれの屁理屈でしかない。

景気が悪い――つまり、低成長は平和の代償なのである。戦争になれば、物資が消費されるから、景気がよくなる。とくに、世界大戦のように、世界中で家が破壊され、家財が焼かれ、都市が壊滅するということになると、景気はよくなる。

しかし、現代は平和の時代であり、戦争が起こっても、せいぜい局地戦である。平和の時代には、ある程度まで物資が普及すると、それ以上は新規のマーケットの開拓は不可能である。買いかえを待つほかはない。

テレビにしろ、洗濯機にしろ、ある程度まで普及すると、そこで頭うちになる。それ以上は、旧型を新型に買いかえるか、古くなって使用に耐えなくなった物の買いかえ需要によるほかは、そんなに売れなくなる。これが、平和というものなのである。

平和の代償は低成長というのはこのことである。だから、平和の時代には、景気はこの程度のものなのだ。低成長が当たり前のことなのである。平和の時代には、景気が悪い、とボヤくのではなく、この程度の低成長が常識だ、と思って、そこから儲かるものをさがしていかなければならない。

景気が悪いから儲からない、低成長だから儲からない、といっているようでは、大戦争が起こるまで儲かることはないだろうし、大戦争が起こっても儲からない。

どの波に乗るかがわかれば簡単だ

レストラン産業で見落としてはならないのは、人間には、胃袋はひとりにひとつしかない、ということである。一回に食べる量には、おのずと限界がある。外食をする胃袋のトータルは決まっている。その決まっている胃袋をレストラン産業は取り合いをしているのである。

マクドナルドの売り上げがふえたということは、それだけ、従来は日本食を食べていた胃袋をハンバーガーが取ったということである。それまで、下駄をはいていた人が靴をはくようになったようなものなのである。

しかし、下駄をはいていた人が、ある日、突然、靴をはきだしたわけではない。洋服を着てネクタイを結ぶようになったから、下駄では都合が悪いので靴をはくようになったのだ。**つまり、生活の西洋化にしたがって、下駄がすたれ、靴が伸びたのである。**

西欧文化は今日でもつづいている。西欧化は一段と拍車がかかってくる。その西欧化の過程で、あるものは消失し、あるものが生まれてくる。ハンバーガーは、その西欧化の中で生まれてきたものなのだ。

この低成長時代に儲かるものは、西欧化の中で生まれてくるものである。いつまでも、下駄の生産販売にしがみついていては、儲かるはずはない。

いまでも、この瞬間に、西欧化する過程でなにかが生まれてきているはずである。それをつかまえることだ。

西欧化が進むにつれて、これから儲かる商売はいろいろでてくるが、よく検討して、どっちにいくかを見きわめることが大切だ。

リスクを恐れていては儲かる商売も儲からない

オフィスでも、いまはコンピューターのディスプレイの画面を見ながら仕事をするようになり、机は不要になりつつある。書類バッグもいらなくなった。そんな時代になってきたのだ。そういうふうに、オフィスも世の中も、かわりつつある。

生活面でも変化は激しい。アメリカでは、ライトのスイッチがなくなってきた。タッチするだけで、ライトがついたり消えたりする。昔の人が見たら、魔法のライトと思うだろう。そんなライトになってきた。

そのライトの例でもわかるように、変化は簡便化という方向に進んでいる。けっして、複雑な方向へと進んでいない。

世の中は、最先端と最後尾がある。最先端では新しいものが生まれ、最後尾では古いものが消えていく。あたかも、赤ん坊が生まれてくる一方で、老人が死んでいくようなものである。

その最先端で、時代を先取りしていけば、かならず儲かる。だから、時代は先取りしていかなければならない。最後尾を走っていたのではなんにもならない。

最先端を走れば、当然、リスクもある。しかし、リスクを恐れていたのでは、儲かる商売も儲からなくなる。最後尾はリスクもないかわりに、儲かることもない。

科学万能の時代に石の包丁を考える発想

私の知人にセラミック製の自動車エンジンをつくって話題を呼んでいる「京セラ」社長の稲盛和夫氏がおられる。

稲盛さんは、また、セラミックでハサミをつくったし、ボールペンの先のボールをセラミックでつくった。最近では、セラミックの包丁までつくりだした。

セラミックの包丁は研《と》がなくても切れ味がかわらないし、絶対に錆びない。もっともよく切れる状態が永久に持続するのである。

また、鉄製の包丁はイオンがでるから、刺身などにイオンが移り、味が微妙に変化する。いわゆる、カナケがついてしまう。

ところが、セラミックの包丁だと、イオンがつかないから、魚そのものの味で食べられるのだ。まさに刺身を食べる日本人向きの包丁である。

その包丁をつくった。

セラミックというのは、辞書などでは、陶磁器類、となっているが、石である。

昨今、話題の「ニューセラミック」と呼ばれているものは、高温に熱してつくった石である。だから非常に強い。

稲盛社長は、さっそく、セラミック製のボールペンやハサミ、包丁を「ニュー・ストーン・エイジ」——新石器時代、と称して売りだした。「ニュー・ストーン・エイジ」とは、うまいことをいうものである。

5000年前の石器時代を、この科学万能の20世紀にもってきたところがおもしろい。もともと、京セラという会社は、集積回路のキャップで大きくなった会社である。

その時代の最先端をいく会社が、生活の場にセラミックの技術を活用して、新製品を開発した。そういった着眼点が儲かるのである。

一生、研がなくてもよい、錆びない包丁が出現すれば、これまでの包丁は、下駄が靴に駆逐されたように、やがて、売れなくなってしまう。セラミックは石といってもダイヤモンド並みに硬い石なのである。だから、一生、研ぐ必要はないのだ。

ただ、いまは、包丁一本が2万円、と包丁にしては価格が高い。だから、研がなくても切れ味はかわらないし、錆びない、とわかっていても、飛びつきにくい。そのうちに、研いだり錆を落としたり買いかえる手間を考えると2万円でも安いことに消費者が気がつけば、セラミックの包丁は売れだすだろう。結婚祝いにだって最適だ。

私はアメリカにいったときに、先端がセラミックボールのボールペンをアメリカ医療センターで自慢した。アメリカ医療センターでは、目を丸くしていたが、ただちに、100グロス、発注したという。このセラミックのボールペンも、やがて従来のボールペンを駆逐していくだろう。

このように、時代が進めば、新素材が生まれてきて、従来の製品の分野に進出し、やがてそれが主流になる。ハンバーガーが日本の外食産業に食いこみ、トップに立ったように、従来の製品は新素材にとってかわられるのである。

儲かるポイントはそういったところにある。〈石〉で儲かるのである。

ちょっと視点をかえれば金儲けのネタは山ほどある

人間は本来動物である。

その動物の生活がどうすれば便利になり、快適になるか。それを考えていけば金儲けにぶつかるのだ。

着るものが和服から洋服になった。そうすると和服よりも洋服が儲かり、下駄屋よりも靴屋が儲かる。その発想でいけばいい。

ただ、人より、ちょっとだけ視点をかえてみることである。

切手のコレクションをしている人は多い。しかし、会社のマークのコレクションをしている人はまずいない。とすれば、会社のマークのコレクションもおもしろいはずである。三越のマーク、三井物産のマーク、住友銀行のマーク……。マークはバッジであってもいい。世界中の有名企業のマークを集めてみるのもおもしろい。モービルオイルのマーク、アメリカンオイルのマーク、ＩＢＭのマーク、といったふうに、マークのコレクションのエキスパートになるのもいい。

アメリカには、最低通貨の１セント硬貨を集めている人がたくさんいる。アメリカ政府は、毎年、その年に１セント硬貨を何枚つくったかを発表する。それを見ていると、ときどき、発行枚数の少ない年がある。そういった年度に発行された未使用のコインは、プレミアムがついて高くなる。だから、１セント硬貨のコレクションも、長くつづけていれば、立派に商売になるのである。

ところが日本銀行は毎年の10円硬貨の発行枚数を公表していない。10円硬貨をだしてみればわかるが、製造年度が実にバラついているのに驚くだろう。別に税金がかかるわけでもないのだから、発行枚数を公表してくれれば、10円硬貨のコレクションも商売として成り立つのだ。

このように、身近に、金儲けのネタはたくさんころがっている。要は、そのころがっている金儲けのネタが、見えるか見えないかである。

私は毎月のようにアメリカにいくが、たとえばシカゴへいけば、これはかわっているから日本で売れるのではないか、これは日本にないから売れる、とか商品を見ただけで、売れるか売れないかの見分けがつくし、輸入すれば儲るかどうかの判断がつく。

ところが、なかには何回アメリカにいっても、売れるものが見えない人がいる。そういった人は何回アメリカにいっても永久に儲からないだろう。

「金を儲けてやろう」と思えば、身近にころがっている金儲けのネタを嗅ぎ分け、見つける嗅覚と目を養わなければならない。

藤田田伝――凡眼には見えず、心眼を開け、好機は常に眼前にあり③

外食ジャーナリスト　中村芳平

戦後日本の動向

戦後日本を支配したＧＨＱ（連合国軍最高総司令官総司令部）の最大の目標は、「鬼畜米英」を叫ぶ日本の軍国主義を廃して、親米英的な国家につくり変えることだった。ＧＨＱは皇居お堀端の第一生命ビルに本部を置いた。最高司令官、ダグラス・マッカーサー元帥は１９４５（昭和20）年10月、５つの指令を出した。

１、特高（特別高等警察）、治安維持法の廃止
２、労働組合の結成奨励
３、婦人参政権の確立
４、学校教育の自由化（男女共学、単線型６３３４制の創設）
５、経済の民主化（労働３法、農地改革、財閥解体）

それと同時にアメリカン・デモクラシーを指導理念に、それまでの修身・日本歴史および地理教育を禁止した。国体改革（象徴天皇制、国民主権）が進められ、大日本帝国の支配体制は音をたてるように崩れ去った。東条英機ら戦争犯罪人が逮捕される一方、政治犯・思想犯が釈放された。18年間にわたって獄中にあった徳田球一が45年10月に出獄し、GHQを「解放軍」と呼んだ。英雄視され日本共産党を再建、書記長に就任した。

戦後最初の第22回衆議院議員総選挙が46（昭和21）年4月10日に行なわれた。改選数466議席、大選挙区制。結果は日本自由党141、日本進歩党94、日本社会党93、そして戦前は非合法活動であった日本共産党が5議席を獲得した。49（昭和24）年1月23日に実施された第24回衆議院議員総選挙では中選挙区制が採用された。改選数は466議席で変わりはなかったが、民主自由党264、民主党69、日本社会党48、そして日本共産党は35議席獲得し大躍進を遂げた。

さて、旧制北野中学校で藤田と同期だった松本善明は江田島の海軍兵学校で終戦を迎え、45年10月に同校卒業、46年4月、東大法学部を受験して合格した。海軍兵学校出身者が6人ほど合格、松本は3年間（当時旧制）彼らと多くの時間を過ごした。

松本が東大に入学して一番勉強しようと思ったことは、「なぜ日本はアメリカと戦争したのか、なぜ日本はアジアへの侵略戦争を行なったのかを、哲学的に解明したかったからだった」という。

「最初の1年間は大学の授業によく出席して、先生方の講義をじっくり聞きました。そうしたら先生方は自分の著書を教科書にして講義しているだけだと気がつきました。それならば先生方に頼らずにとことん独力で勉強しようと思い立ちました。大学2年目からは授業には極力出ずに、毎日図書館に通い体系立てて本を読むことにしました」（松本）

松本は軍国少年で海軍兵学校に進んだため、旧制高校生の必読書といわれた「デカンショ（デカルト、カント、ショウペンハウエル）」もヘーゲル、マルクスも読んでいなかった。戦後、日本共産党が公然と活動を開始すると、マルクス主義の入門書である『空想から科学へ』、『共産党宣言』、レーニンの『国家と革命』などは飛ぶように売れ、東大では青年共産同盟や日本共産党の活動家が幅を利かせていた。

松本はそんな中で聖書から哲学書まで1年数か月がかりで読み込み、「観念論」が誤りで、マルクス・レーニンの唱える「唯物論」が正しいと確信した。こうして48（昭和23）年9月、日本共産党に入党するのである。49年3月、東大法学部卒業。日本共産党国会議員団に勤務、同年夏、神田支部で画家で絵本作家のいわさきちひろ（1918〜74 ＊戦後最大800万部の大ベストセラー、黒柳徹子『窓際のトットちゃん』のカバー・挿画を描いた画家）と出会い、50（昭和25）年1月に結婚した。51（昭和26）年11月、25歳のときに松本は、司法試験に合格。54（昭和29）年4月、弁護士活動を開始した。

英語漬けの日々

藤田は、旧制北野中学では同期となった松本善明よりも2年遅れて1948（昭和23）年4月に東大学法学部に入学した。松本のように最短距離で進学したのと異なり、小学浪人を1年経験、中学生活5年に加え、旧制松江高校で肺病により1年休学したからだ。それゆえ東大時代は藤田と松本はほとんど接点がなく、付き合いが始まったのは60（昭和35）年代に入ってからのことになる。

藤田は「東大進学の一番の動機は授業料の安さだった」と述懐する。なぜなら、藤田は授業料も生活費も自分で稼がなければならなかったからだ。

東京に出てまもなく、生活の糧を得るために、皇居をのぞむGHQの本部（第一生命ビル）で行なわれた通訳試験を受け、合格した。

「初歩程度の試験だった」（藤田）というが、実際には交通事故解決のためのMP（憲兵）への通訳など、しばしば高度の英語力が要求された。米軍宿舎に泊まり込み、GIたちと直接英語で話した。英語漬けの毎日を送ることで、藤田の英会話力は、ますます上達し、半年もすると英語でものを考えられるまでになった。

藤田の1日は大学で講義を受けたあと、夜間にGHQの通訳として働いた。給料は1万1800円。48年当時の公務員の初任給が2300円だったから、藤田は、その約5倍も稼いでいたことになる。大変な東大生がいたものである。そして、藤田の交友関係は、このころから大きく広がっていった。

藤田は、杉並区の西荻窪に下宿を借り、毎晩飲み歩いた。新宿にあった進駐軍専用の高級クラブにも通訳として出入りした。最後は西荻窪界隈の飲み屋で閉店まで飲んで、深夜下宿に帰るのが日課だった。

そうした豪遊ぶりを見かねた西荻窪の飲み屋のママさんに、「土地でも買っておいたほうがいいんじゃないの」と、忠告を受けたこともあった。

旧国鉄（現JR東日本）の西荻窪駅から歩いて5分くらいの住宅地が坪400円、100坪4万円で買えた時代である。藤田がその気になれば、GHQの給料4か月分で西荻窪周辺に100坪の土地を充分買うことができた。

だが、藤田はついに1坪も買わなかった。

また、別の機会に不動産屋から、現在、新宿コマ劇場の立つ土地200坪を坪1万円で買い取るようにすすめられたが、これも買い求めなかった。

その界隈は当時、葦の生い茂る水たまりで「坪1万円の価値があるとは、とても思えなかった」(藤田)からだ。そして今、藤田が買い損なったコマ劇場の土地は、91(平成3)年の時点では坪3000万円、200坪で60億円以上もしている。時価では、これよりもまだはるかに高いはずである。

藤田は、「あのときに買っておけば良かったのかもしれないが、そんな先見の明などは少しもなかった」と振り返る。

太宰治は実は事故死

東大在学中に藤田は、戦後史を彩った人物たちとつき合っている。「光クラブ事件」で有名な山崎晃嗣《あきつぐ》や、流行作家の太宰治らである。

GIスタイル、あるいは新調の背広にネクタイを締めて、藤田は、いつも東大に通った。まわりの学生たちが復員服姿で登校してきた時代に、藤田のダンディな服装は、ひときわ学内で目立った。

旧制松江高校時代、応援団の団長をして〝蛮カラ〟の最右翼にいたころとは、180度の転換である。

東大の法学部にはもうひとり、藤田と同じような服装で講義を受けにくる人間がいた。それが、学生金融「光クラブ事件」で有名になった山崎晃嗣であった。

「東大は天下の秀才、異才、奇才が集まってくると考えていたけれど、本当に話して面白かったのは山崎くらいしかいなかったですね。計算の早い男で8ケタ×8ケタは暗算でパット答えが出せるといっていました。それに女にモテて8人は愛人がいるといっていましたね。実際に計算したのを見たわけではないし、愛人8人がいるのも見たわけではないですが……。話していて頭がいいなと思ったのは、頭が整理されていて次、次、次というように論理立てて話すところでした」(藤田)

山崎は、東大開校以来の秀才といわれた若槻礼次郎(元首相)の再来と騒がれた〃奇才〃であった。

学徒出陣組で、終戦を北海道旭川市で迎えた。陸軍主計少尉で東大に復学。1948年9月、学生仲間と金融会社「光クラブ」を設立した。月1割3分の配当で投資家を募り、月3割に近い高利、すなわち10日で1割の利息を取る〃トイチ金融〃でおもしろいように儲けた。藤田は何事にも好奇心が強く、学徒出陣組の山崎の心情には強く共感を覚えた。一説には藤田は光クラブに融資していたと言われる。

山崎は自著『私は偽悪者』で、「人間の性は、本来傲慢、卑劣、邪悪、矛盾である故《ゆえ》、私は人間を根本的に信用しない」と書き、「国家も女も信用するな」と述べている。

　これは筆者が藤田から聞いたことだが、山崎が資金的に行き詰まり、にっちもさっちも行かなくなったとき、国際法にいう「事情変更の原則」、すなわちまわりの状況が変われば主張を変えても良いという原則を持ち出して、山崎に「自殺する手がある」とほのめかしたという。筆者は山崎が国際法にいう「事情変更の原則」を持ち出して、１９４９（昭和24）年11月25日、光クラブ（銀座證券保証株式会社）の社長室で青酸カリによる服毒自殺を遂げたのは、藤田のアドバイスだったのではないかと思っている。

　社長室の机の上には、「高利貸冷たいものと危機しかど死体にさわれば……氷カシ」、「貸借法すべて清算カリ自殺」などの遺書と手記が遺されていた。

貸金業「光クラブ」の広告

　山崎はまだ、東大法学部3年生、27歳の若さだった。その生き方のデカダンス、頽廃《たいはい》的な傾向からアプレ・ゲールの犯罪、略して〝アプレ犯罪〟と呼ばれた。

「山崎は頭が良すぎて、先が見えすぎて、思い詰めて死んじゃったところがありますね。ちょうど医者が病気になると病気の末路を知っていて悲観し、普通の人より早く死んでしまうのと同じことです。人間というのはあ

る程度バカな方がハッピーなのかもしれませんね」（藤田）

このころ、藤田は「作家の太宰治とも三鷹でよく飲んだ」という。軟弱という理由で藤田は、太宰の文学をきらった。経済を復興させるような元気な文章を書いて欲しいと願っていたという。

それでも藤田には良い飲み相手だったようで、三鷹駅前の屋台で飲んで、酔っぱらって太宰の三鷹の家にも行ったという。

太宰は、山崎が自殺する前年の48（昭和23）年6月13日に愛人の山崎富栄と玉川上水に飛び込んで心中したといわれる。

藤田は、たまたま太宰が自殺する直前まで、三鷹の酒場で飲んでいた。

「とにかく、あの日は雨がザンザン降りの上に、太宰はカストリ焼酎で酔っていた。そこへ女性が傘をさして迎えに来たんです。それで二人で帰っていったんですが、太宰は下駄履きで足元がフラフラでした。『危ないから気をつけなよ』といって別れたほどです。あの状況からいって、私は、太宰は自殺したのではなく、玉川上水の狭い道で足を滑らせて、あの災難に遭《あ》ったんだろうと思っています」（藤田）

太宰と愛人の山崎の死体が玉川上水の下流で見つかったのは、同年6月19日のことだった。二人は赤い紐《ひも》で結ばれていたといわれる。その後も報道は過熱し、愛人の山崎の遺書なども出てきて、太宰の死は心中だったといわれるようになった。

筆者が藤田にインタビューした91（平成3）年には、太宰が心中してからすでに43年経っていた。

「当時、太宰はカストリ焼酎を飲むと、ゴホンゴホンと咳《せき》をしてコップに半分くらいの血を吐いていました。結核は相当進んでいて、太宰にはいつ死んでもいいという絶望感があったんだと思います。今から思うとそういうストーリーの中で死んだのだと思いますね」

藤田は東大法学部の1～2年生の頃、GHQの通訳の高給取りとして築地に好物の寿司を食いに行ったり、毎晩飲み歩いていた。

光クラブの山崎やデカダンス（フランス語で退廃、衰退の意味）の作家・太宰と親しくつき合ったのは、藤田自身の中に当時、彼らの生き方に共感する虚無的な心情があったからかもしれない。

太宰 治

世界を相手に商売する気概

藤田は東大法学部時代、日本の経済力を復興させるために、保守陣営から金を引き出し、「東大自治擁護連盟」を作り、戦後の混乱に乗じて勢力を急拡大していた共産党と戦った。東大では共産党指導者の徳田球一とやり合ったこともあった。徳田が「GHQの回し者」といえば、藤田は「マルキストの売国奴」とやり返した。藤田と共に共産党と戦った仲間には、高丘季昭《たかおかすえあき》西友会長（日本チェーンストア協会会長）、熊平肇《くまひらはじめ》（熊平金庫社長・広島ロータリークラブ会長）、渥美俊一《あつみしゅんいち》（日本ペガサスクラブチーフコンサルタント）がいた。

藤田には、東大を出て外交官になるという夢があった。しかし、GHQの通訳のアルバイトに精を出しているうちに、ユダヤ人の生き方に強く惹かれ始めた。というのも、ユダヤ人はGHQでは〝ジュウ〟（Jew）と吐き捨てるように呼び捨てにされながら、しかも兵隊の位は下士官や一兵卒クラスと低いのに、将校以上に優雅で贅沢な生活をしていたからだ。藤田が親しくなったウイルキンソン軍曹は、軍から支給される給料の他にサイドビジネスに金貸し業務を行ない、大儲けしていた。

ユダヤ人は実にたくましかった。敗戦の混乱と騒乱がうち続く中で、既存の権威や秩序、法律などあらゆる価値体系が崩壊し、生きていく精神的支柱が何もなくなっていくのに、ひとりユダヤ人だけはバイタリティにあふれていた。ユダヤ人は藤田がいう「金がなかったら何もできゃしないよ！」ということばをそのまま実践していた。時代が変わろうと、価値体系が崩壊しようと、最後に勝つのは金を持っている人間だということを、ユダヤ人は5000年以上におよぶ民族の盛衰・興亡の歴史の中で、身をもって学んでいた。それは、生きる方向を見失っていた藤田にとって、まさに新鮮な驚きであった。

一方、ユダヤ人は2か国語以上をあやつる〝語学の天才〟でもあった。藤田は、子どものころから、父・良輔に「2か国語以上はマスターしなさい。将来は世界を相手に商売する気概を持つのだ」といわれて育った。とはいえ日本人で日本語に加え、英語・ドイツ語など外国語2か国語以上マスターしている人など、めったにいなかった。

藤田は2か国語以上あやつり、世界を相手に商売する理想像をユダヤ人の中に発見したのである。ユダヤ人は、藤田に金儲けのコツを教えた。

しかし、ユダヤ人から見た藤田にはひとつの欠点があった。それは、藤田の懐疑主義である。

ユダヤ人は「他人を信じずに、自分ひとりを信じようとする態度は悪くはないが、それが高じて他人のいうことをすべて疑ってかかることは、行動のエネルギーをそぎ、最後は無気力に陥《おちい》ってしまうだけだ。それ

GHQで通訳をしながら東大に通っていた頃の藤田 田

しがあった。

では金儲けなど100年経ってもできない」と、藤田をさとした。藤田には思い当たるふしがあった。

藤田は、口では「人生はカネやでーッ！」といいながら、一方では日本の最高学府「東大法学部」卒の肩書きで、エリートコースを歩いてゆきたいという欲望があった。「できれば、外交官として世界に雄飛したい」という希望も捨てがたかった。そうすると、どうしても今の自分を〝仮の姿〟とみなしてしまい、金儲けに情熱を傾けることができなくなってしまう。そこに東大出の最大の弱点があるのだが、ユダヤ人は「藤田のそんなエリート根性には一銭の値打ちもない」と斬り捨てた。

こんな時期を経て藤田は、ユダヤ商法を見習うことになった。GHQのユダヤ人と組んで通訳の他にサイドビジネスを始めた。これがのちに、ハンドバッグやアクセサリーなどの高級雑貨を輸入販売する「藤田商店」へと結実していく。

この時代に藤田は、神田駅前で大道商い、すなわち露店商を経験している。真鍮《しんちゅう》の指輪やアクセサリーなどを扱った。「物品を販売する以上、客が何を欲しがるのかを、自分の目で確かめたかった」からである。東大2年生のとき藤田は、GHQにいたユダヤ人の取り計らいで、過分な外貨割当てを受け取り、彼らの貿易チャネルに乗って、単身ヨーロッパに渡った。そこで高級アクセサリーなどを買い付けて帰国し、輸入販売業務をスタートさせた。

さて、はじめのほうでも触れたが、藤田が清水の舞台から飛び降りるような一大決心をして月々5万円の定期預金を開始したのが、1949（昭和24）年頃のことだ。この時期に藤田は準備を始め、50年（昭和25）4月、輸入販売の「藤田商店」を設立した。

同年6月には朝鮮戦争が勃発した。GHQで通訳の仕事をしていた藤田はこの情報を誰よりも早く摑《つか》んでいた。

最高司令官マッカーサーは「日本を反共の防波堤にする」と、これまでの占領政策を転換。同年7月、警察予備隊7万5000人を創設、海上保安庁8000人増員指令を出した。日本は再び事実上の軍隊を復活させたのである。

日本は朝鮮特需による好景気に沸き、戦後の経済復興を軌道に乗せようとしていた。

このような激動の時代に藤田は、100万円を目標に貯金を始めた。毎月定期的に5万円貯金することで、人生に対して何かふっきれていくものを感じたという。それは、東大法学部卒の〝権威〟とか、外交官になる〝夢〟とか、無気力の世界へと導く〝懐疑主義〟とか——そういった虚妄の世界とはまったく異なる堅実で確実な真実の世界であった。藤田は新しい実業の世界へ「心眼」が開けてゆくのを感じた。

藤田は1年8か月で「目標の100万円」を貯めた。これを機に藤田は、GHQの通訳の仕事を足掛け2年半経った、50年12月頃にはやめた。そして、学生実業家の道を志すことにした。一応腕試しのために官僚の最難関とされる大蔵省（現・財務省）の試験を受験、合格したが官僚になる気はさらさらなかった。

藤田は、51（昭和26）年3月、東大法学部政治学科を卒業すると、迷わず藤田商店の仕事に取り組んだ。東大法学部卒としては、まさに〝裸一貫〟、ゼロからのスタートであった。

このような当時の事情を勘案すれば、藤田がなぜ毎月5万円の定期預金をスタートし、唯一の拠《よ》り所としたのか、容易に理解できるだろう。

藤田は、自著『ユダヤの商法』で、ユダヤ人は徹底した現金主義で、銀行預金さえ信用しないと記している。一方で、ユダヤ人の蓄財法を紹介している。

〈ふくれた財布がすばらしいとはいえない。しかしカラの財布は最悪だ〉

〈金銭は機会を提供する〉

藤田は毎月5万円の定期貯金を続けることで、世界を相手にする「銀座のユダヤ商人」に脱皮する覚悟だった。

北野中学同期の藤田田と後輩の手塚治虫

東大法学部の2年生のとき、日本共産党に入党した松本善明が広く知られるようになったのは、61（昭和36）年に日本共産党衆議院選挙予定候補として、次の選挙に東京4区（中選挙区、渋谷区、中野区、杉並区）から立候補することが決まってからだ。松本は、松川事件・メーデー事件の弁護団などに加わっていたが、62（昭和37）年5月、松本善明法律事務所を設立、独立した。63（昭和38）年11月、初立候補した。

その一方で、私は自らの人脈を活かして、立候補の挨拶を精力的に行いました。とりわけ北野中学の友人には力を入れて訴えかけました。（中略）

戦後一五年が経過し、北野中学の同級生は各分野で活躍していました。新進経営者として大成功していたのは藤田田氏（後に日本マクドナルド社長）でした。大学も同じだった彼に面会を求めて、立候補の挨拶をしてカンパをお願いすると快く五〇万という大金を出してくれたのには驚きました。後日、「共産党が政権を取

手塚治虫

ったときの保険金」としてカンパしたのだという主旨を自著（※『ユダヤの商法』）に書き記しています。（中略）

北野中学の二年後輩である手塚治虫さんにもすぐ挨拶に行きました。手塚さんはあまりにも著名でしたが、初対面の私と意気投合して迷わず巨額のカンパを出してくれました。手塚さんは一度のカンパだけではなく、その後一貫して私と共産党を親身になって応援してくれたのです。妻ちひろの仕事を高く評価してくれていたことも無関係ではなかったかもしれません。

（『軍国少年がなぜコミュニストになったのか』松本善明）

これをきっかけに藤田は法律の解釈や訴訟問題で、松本に相談するようになった。また、藤田の妻、悦子も、いわさきちひろの絵のファンで、家族ぐるみの交流に発展した。

松本は初の総選挙では落選したが、捲土重来を期し、67（昭和42）年1月の総選挙で東京4区から再出馬、初当選した（以来11期33年間の国会議員生活を送り、２００３年に政界引退）。藤田は松本の当選祝賀会に招待され、反共側の支援者として次のような挨拶をした。

（中略）日本へ無愛想な顔をして、日本がソ連（現・ロシア）の方へ傾いたらそれこそ大変だからであります。そのアメリカの甘い顔がもたらす甘い汁を、たんまりといただくのが私の商売であります。日本が駄々をこねればこねるほど、アメリカは日本を大切にしてくれます。

つまり、日本という体の中に、共産党というバイ菌がいて、それが暴れれば暴れるほど、アメリカという医者は日本へ良薬を与えてくれるのであります。

その駄々をこねる役割り、バイ菌の役割り、私は、日本の共産党にそれを期待しているのであります。

わたしが選挙資金を一部融通したのは、ソロバンづくでの私の商売にほかならないのであります。

松本君は当選し、みごとにバイ菌の一つとして培養されました。私の投資は成功したのであります。

（藤田 田『ユダヤの商法』１９７２年5月初版より）

藤田には偽悪家のところがあり、どこまで本音で話しているのか分からないことがあるが、はっきり言えるのは友情を大切にし、義理と人情に厚いことだ。

（『日本マクドナルド20年のあゆみ』より加筆修正）

《④へつづく》

【藤田 田 復刊プロジェクトチーム】

撮影　岡崎隆生
永井 浩
取材　中村芳平
横関寿寛
動画制作　GEKIRIN

プロデューサー　塚原浩和
リーダー　笹本健児
営業統括　村瀬広一
WEB編集　竹林 徹
編集統括　山﨑 実

藤田 田（デンと発音して下さい） Den Fujita

1926（大正15）年、大阪生まれ。旧制北野中学、松江高校を経て、1951（昭和26）年、東京大学法学部卒業。在学中にGHQの通訳を務めたことがきっかけで「（株）藤田商店」を設立。学生起業家として輸入業を手がける。1971（昭和46）年、世界最大のハンバーガー・チェーンである米国マクドナルド社と50:50の出資比率で「日本マクドナルド（株）」を設立。同年7月、銀座三越1階に第1号店をオープン。日本中にハンバーガー旋風をまき起こす。わずか10年余りで日本の外食産業での売上1位を達成し、以後、トップランナーとして走り続ける。過去2回、マクドナルド・コーポレーションのアドバイザリー・ディレクターを務めるなど、マクドナルドの世界戦略にも参画。1986（昭和61）年、藍綬褒章受章。1989（平成元）年、大店法規制緩和を旗印に米国の玩具小売業トイザラス社との合弁会社「日本トイザらス（株）」を設立し、全国展開した。また、世界一のネクタイ・スカーフ製造販売会社である英国タイラック社と提携し、全国店舗展開した。（一社）日本ハンバーグ・ハンバーガー協会初代会長。

創立30年にあたる2001（平成13）年7月26日、日本マクドナルド（株）は店頭株市場に株式公開を果たした。2004（平成16）年4月21日逝去（満78歳）。著書に『ユダヤの商法——世界経済を動かす』、『勝てば官軍』（小社刊）ほか多数。
本年4月、藤田 田6冊同時復刊。

この先《さき》20年《ねん》使《つか》えて「莫大《ばくだい》な資産《しさん》」を生《う》み出《だ》す
ビジネス脳《のう》のつくりかた
[新装版《しんそうばん》] Den《でん》 Fujita《ふじた》の商法《しょうほう》③

二〇一九年四月二五日 初版第一刷発行

著者 藤《ふじ》田《た》 田《でん》（デンと発音して下さい）
協力 株式会社藤田商店
発行者 塚原浩和
発行所 株式会社ベストセラーズ
〒一七一-〇〇二一 東京都豊島区西池袋五-二六-一九
陸王西池袋ビル四階
電話 〇三-五九二六-六二六二（編集）
〇三-五九二六-五三二二（営業）
印刷所 近代美術株式会社
製本所 ナショナル製本協同組合
DTP 株式会社三協美術

ISBN978-4-584-13910-3 C0095

日本を担う若者に贈る《成功のヒント》——なぜ、今、藤田 田を復刊するのか——

株式会社ベストセラーズは、このたび藤田 田の著作を新装版として6冊同時に復刊いたしました。その中で最も古い『ユダヤの商法 世界経済を動かす』は、1972（昭和47）年に刊行されました。当時、藤田は、日本マクドナルド社を立ち上げるや、あっという間に日本人の「食文化」を変えた経営者として注目を集めました。同書は総計82万7000部の大ベストセラーとなりました。今、日本経済の舵取りをしている著名な経営者が、同書によってビジネスでの「成功の本質」を学んだともいわれております。また、今回復刊する6冊の累計は307刷、97万部と、多くの読者に評価された作品となっております。

では、藤田作品を「なぜ、今、このタイミング」で復刊するのか。その理由とは、多くの日本人にとって日々暮らす社会環境が劇的に変化し、非常に厳しい時代を迎えたからです。そして、この時代を稼いで勝ち抜くための「答え」が藤田 田の《商法》の中にいまだ色あせることなく豊かに「ある」からです。現在、中小、大企業を問わず「正社員としての終身雇用」が難しくなっております。特に就職氷河期世代の40代以下の若者にとっては、人生設計そのものを一から立て直さねばなりません。利益を生み出す「ビジネス」自体を自分の頭で考え、切り開き、その資金も自分で調達する必要に迫られているのです。ゆえに藤田が著書の中で繰り返し述べる「商売のアイデアを見つける力」、「それをすぐに実行する力」が、今、まさに求められているのです。この二つの「稼ぐ力」を若者に伝えるべく私たちは本企画をスタートさせました。20代、30代のみなさんにはまだ人生で成功するために準備する「時間」があります。金持ちへの「夢」、ビジネスで世界を変える「希望」があれば、藤田の言葉の中から必ず《成功のヒント》を見つけ出せると思います。みなさん、どうか1回目はサラッと通読し、2回目はじっくりと精読、3回目は自分の言葉に引き直して血肉化し、4回目以降は仕事で悩み迷った時に再び参照してください。この6冊で、若者の可能性が今まで以上に大きなものになると、私たちは確信しています。

今回の新装版の企画刊行に際して、「これからの日本を担うたくさんの若者に読んでほしい」と快諾をくださった、株式会社藤田商店代表取締役・藤田 元氏に衷心より感謝を申し上げます。

２０１９年４月12日

藤田 田 復刊プロジェクトチーム